Jürgen Ackermann

Männer in der Kita

Historische Entwicklungen und aktuelle Diskussionen rund um männliche Erzieher

Bibliografische Information der Deutschen Nationalbibliothek:

Die Deutsche Nationalbibliothek verzeichnet diese Publikation in der Deutschen Nationalbibliografie; detaillierte bibliografische Daten sind im Internet über http://dnb.d-nb.de abrufbar.

Inhaltsverzeichnis

Abstract

Die vorliegende Arbeit beschäftigt sich mit dem Thema Geschlechtersegregation in der frühen Bildung: Wie entstand die weibliche Dominanz im Berufsfeld? Welche Rolle spielten die männlichen pädagogischen Fachkräfte in der historischen Entwicklung? Wie werden Männer, falls vorhanden, im beruflichen Alltag wahrgenommen, und mit welchen Strategien lässt sich der Männeranteil erhöhen?

Den Frauen gelang es während der Entstehungsgeschichte des Kindergartens einen Beruf zu etablieren, der ihnen erstmals die Chancen für eine gleichberechtigte Ausbildung eröffnete. In der Folge entwickelte sich ein reiner „Frauenberuf". Anhand des Lebens und Wirkens Friedrich Fröbels und der ersten männlichen Frühpädagogen wird die Entwicklung des Berufs aus der männlichen Sicht aufgezeigt. Der Männeranteil in Kindertageseinrichtungen verdoppelte sich zuletzt aufgrund der Strategien zur Erhöhung des männlichen Anteils am Fachpersonal, ist im Vergleich zum weiblichen Anteil aber immer noch sehr gering. Der Schlüssel für die Erhöhung des Männeranteils scheint in einer geschlechtssensiblen Pädagogik und in der bewussten Auseinandersetzung aller Beteiligten mit dem Thema „Gender Mainstreaming" (Gleichstellung) zu liegen. Der kontrovers geführte genderpolitische Diskurs zu einer „Männerquote" sowie die unterschiedlichen Begründungen für den Ruf nach mehr Männlichkeit in der Frühpädagogik werden ausführlich dargestellt. Abschließend wird die Frage erörtert, welche aktuellen Strategien es gibt, um mehr Männer für den Bereich Kita anzuwerben. Hier werden auch internationale Beispiele und genderspezifische Entwicklungen in der Kita in den Blick genommen.

Keywords:

Friedrich Fröbel, Gender Mainstreaming, genderpolitischer Diskurs, Männerquote, geschlechtssensible Pädagogik, genderpolitische Strategien, internationale Frühpädagogik

Abbildungsverzeichnis

1 Einleitung

Die institutionelle Kleinkinderziehung in Deutschland liegt seit ca. 160 Jahren überwiegend in der Verantwortung von Frauen. Rund 95% beträgt der Anteil der weiblichen Fachkräfte, dies ist ein deutlicher Beleg für das Missverhältnis zwischen den Geschlechtern im Berufsfeld Frühe Pädagogik (vgl. Metzinger 2013, S. 396f.). Der Prozess der beruflichen Gleichberechtigung findet im Berufsfeld Kita unter umgekehrten Vorzeichen statt. Tatsächlich hat sich der Anteil der Männer in Kindertageseinrichtungen in den letzten 10 Jahren zwar verdoppelt, ist aber immer noch sehr gering. Kindheitsforscher und Diplompsychologe Rohrmann, der seit vielen Jahren in einem enormen Maße zum Thema publiziert, postulierte zwar 2014, dass es sich bei einem Beruf mit einem Männeranteil von ca. 25.000 nicht mehr um einen reinen Frauenberuf handele (vgl. Rohrmann 2014, S. 69), dennoch lässt sich das Ungleichgewicht zugunsten der weiblichen Fachkräfte nicht übersehen. Dadurch entsteht eine Disparität. Es bedeutet „etwas absondern oder voneinander trennen". (Kluge 1999, S. 184). Eine Disparität bei der Verteilung der Geschlechter in Berufen könnte daher möglicherweise auf eine Diskriminierung des unterrepräsentierten Geschlechtes hinweisen. Die ungleiche Verteilung der Geschlechter in Berufen ist eine unbestrittene Tatsache, ebenso, dass Frauen in der Welt der hochdotierten Manager trotz vieler Jahre Gleichstellungsbemühungen selten sind und der Anteil der männlichen Fachkräfte in der Kleinkinderziehung unbedeutend gering ist. Trotzdem wurde erst im Jahr 2011 der Ruf nach mehr geschlechtssensiblen Männern in Frauenberufen durch ein „Männermanifest" der Partei „Die Grünen" lauter (vgl. Karsten 2011b). Das Thema ist aber auch von globaler gesellschaftspolitischer Relevanz. Der Männeranteil bei den Fachkräften in der vorschulischen institutionellen Betreuung ist auch im internationalen Vergleich sehr gering und liegt weltweit im Durchschnitt unter 5 %. Demzufolge wurden weltweit Projekte und Studien mit dem Ziel der Erhöhung des Anteils männlicher Fachkräfte durchgeführt (vgl. Rohrmann 2012a, S.290).

Im ersten Kapitel werden der historische Kontext des Berufsbilds Erzieher/in, die Rolle Friedrich Fröbels als „Vater des Kindergartens" und sein Einfluss auf die Entstehung des heutigen „Frauenberufs" ergründet. Im Hinblick auf die historische Dimension des Themas wird auch die Rolle der Männer in den Anfängen der institutionellen Kleinkinderziehung dargestellt.

Im darauffolgenden Teil werden die Zielgruppe „Männer in der Kita" und die damit verbundenen Themen genauer in den Blick genommen: Männlichkeit in der Erziehung, Chancen und Ressourcen durch Männlichkeit, sowie die Risiken und

Missverständnisse im Arbeitsalltag. Die Besonderheiten der Beziehungen in der Kindertageseinrichtung werden beleuchtet. Die Themenfelder „Männer und Frauen im gemischten Team" und „Männer in der Beziehung zu Jungen und Mädchen" sowie in der „Elternarbeit" werden unter Berücksichtigung der Frauen-, Kinder, - und Elternsicht kritisch untersucht. Eine „Männerquote" als Gegenstück zur „Frauenquote" in der Wirtschaft und unterschiedliche Begründungen für einen Ruf nach mehr Männern, bzw. mehr Männlichkeit in der Kita, werden sowohl in der Fachwelt als auch gesellschaftspolitisch diskutiert. Der kontrovers geführte fachliche Diskurs zu Männern in Kitas mit der Fragestellung „Warum sollen mehr Männer in Kitas arbeiten?" sowie zur Einführung einer Männerquote im Berufsfeld Frühe Bildung wird im dritten Teil der Arbeit vorgestellt. Dieser bildet die Überleitung zu aktuellen Strategien, um den Anteil von männlichen Fachkräften zu erhöhen. Hier werden auch internationale Best-Practice-Beispiele erläutert.

In der Schlussbetrachtung werden die Ergebnisse zusammengefasst und die Leitfragen bezüglich der Ursachen für die geschlechtsspezifische Segregation im Berufsfeld, die Entwicklung der Männer im weiblichen Berufsfeld, sowie die aktuelle Situation der männlichen Fachkräfte im Kontext des Kita-Alltag beantwortet. Ein Blick auf die aktuellen Strategien und den öffentlichen Diskurs ermöglicht Aussagen über genderspezifische Entwicklungen im Berufsfeld Kita. Die internationalen Aspekte des Themas werden nur kurz angerissen, um nicht den Rahmen der Arbeit zu sprengen. Einbezogen sind die bundesweiten Programme und Initiativen „Männer in Kitas" (2010-2014), „Lernort Praxis" (2013-2016), „MEHR Männer in Kitas" und „Chancen für Quereinsteiger" (2015-2020) sowie die deutsche „Tandem Studie" (2010-2014) und die Innsbrucker Wirkungsstudie „W-INN" (2010-2012).

2 Die Entstehung der institutionellen Kleinkinderziehung im Europa des 19. Jahrhunderts

Die Entstehung der institutionellen Kleinkinderziehung in Deutschland ist eng verknüpft mit der „Entdeckung der Kindheit". Das Bild vom Kind als defizitärem Wesen, als kleinem Erwachsenen, welcher mit Härte und Disziplin zu einem Mitglied der Gesellschaft erzogen werden sollte, begann sich im 19. Jahrhundert zu verändern. Die Gedanken der Humanisten und Philosophen des 16.,17. und 18.Jhdts., Michel de Montaigne, Comenius (Jan Amos Komensky), John Locke, Jean-Jacques Rousseau und Johann Heinrich Pestalozzi, beeinflussten die späteren Reformpädagogen. Die „Philantropen" des beginnenden 19. Jhdts., H. Campe und H. Wolke, dienten den Reformpädagogen, insbesondere Friedrich Fröbel zum Vorbild (vgl. Konrad 2012, S.18ff.).

Die Idee der außerfamilialen Kinderbetreuung und Erziehung entstand vermutlich schon im 17. Jhdt. Nach dem Vorbild des „Informatorium der Mutterschul" (Comenius 1633) entstanden in England die „Dame-Schools". Als erste nebenschulische Betreuungseinrichtung gilt die Strickschule, 1770 von Pfarrer Oberlin in den Vogesen gegründet. Dort lernten Kinder von drei bis sieben Jahren das Stricken und waren dabei gleichzeitig in Obhut. 1792 entstand die erste Strickschule in den Niederlanden, flächendeckend allerdings zunächst in England von 1812-1816 in Form der „Infant School", geleitet von Robert Owen. Samuel Wilderspin gründete 1823 die „Infant School Society" (vgl. Franke-Meyer 2010, S. 22ff.). Hier tauchen erstmals Männer in der professionellen Betreuung von Kleinkindern auf. Kleinkinderschulen verbreiteten sich weiter im damaligen Deutschen Bund, Österreich und Ungarn. Der Stand der nebenfamilialen Einrichtungen lag Mitte des 19. Jhdts. bei ca. 500-600 (vgl. ebd.). Zur Geschichte außerfamilialer Kleinkinderziehung führt Franke-Mayer aus, dass sowohl familiale wie auch schulische Aspekte als Motive für die Entstehung der Einrichtungen in Frage kommen. Das Motiv der vorschulischen Bildung, das in der Zeit der Entstehung durchaus vorhanden gewesen ist, sei jedoch in der Zeit der Weimarer Republik wieder verlorengegangen. Argumente für eine Einordnung des Kindergartens als Teil des Bildungsauftrags seien schon in den Anfängen zu finden (vgl. ebd., S.12). Auffällig ist in dem Zusammenhang der Bezug zur Schule in den Namen der ersten Einrichtungen: Bewahr-Schule, Strickschule, Kleinkinderschule, Hüte-Schule. Die von Pastor Josef Oberlin im Elsass gegründeten „Strickstuben" wurden gleichermaßen von Vorschulkindern und Schülern besucht und hatten zunächst keinen sozialfürsorgerischen, sondern einen pädagogischen Hintergrund, da sie einen Bildungsauftrag erfüllten. Damit sind sie die Vorläufer der Kindergärten von Fröbel (vgl. Aden-Grossmann 2011, S. 17ff.).

Die Zunahme von Frauenerwerbstätigkeit und Kinderarbeit in den Fabriken als Folge der Industrialisierung, führte in England zu den „Kleinkinderschulen".

Wilderspin hatte laut Aden-Grossmann maßgeblichen Einfluss auf die Entstehung der „Kinderbewahranstalten" in Deutschland. In der Hauptsache widmeten sich zu Beginn des 19. Jhdts. bürgerliche Vereine der Armenpflege aus christlichen Motiven. Im Besonderen machten bürgerliche Frauen es sich zur Aufgabe, die während und nach dem Krieg gegen Frankreich 1813/14 entstandene Not in der Bevölkerung zu mildern (vgl. ebd.). Aus den Frauenvereinen entstanden die „Kleinkinderbewahranstalten", die sich um die in Not geratenen Kinder kümmerten. In der von Pastor Fliedner gegründeten Diakonissenanstalt wurden Leiterinnen für die Kleinkinderbewahranstalten ausgebildet. In den Bewahranstalten stand die Disziplinierung der Kinder im Vordergrund (vgl. ebd.). Kleinkinderbewahranstalten für das Proletariat und Kleinkinderschulen für die bürgerlichen Stände bestanden zeitweise nebeneinander. Fölsing gründete 1843 die „Kleinkinderschule für die höheren Stände" und damit eine weitere Form von institutioneller Kleinkinderziehung, die sich von den Konzepten Fliedners und Fröbels abgrenzte und sich inhaltlich dem pädagogischen Gedanken vom freien Spiel widmete (vgl. ebd., S. 21).

Um die Mitte des 19. Jhdts. trugen die evangelischen und Katholischen Ordensgemeinschaften die Mehrzahl der Einrichtungen in Deutschland (vgl. ebd.). In den von Fröbel gegründeten Kindergärten wurden in der Regel Kinder des aufgeklärten Adels und des gehobenen Bürgertums betreut. Weil eine gute Bildung auch die untersten Schichten des Bürgertums erreichen sollte, forderten Befürworter eines liberalen Denkens eine gemeinsame klassenüberwindende Erziehung. Daraufhin wurden in den Kindergärten Plätze für die Kinder von ärmeren Bürgern zur Verfügung gestellt. Fröbels Nichte Bertha von Marenholtz-Bülow gründete ca. 1860 die „Volkskindergärten" mit dem Ziel einer klassenübergreifenden Erziehung und Betreuung. Neben den bisherigen Bildungsaspekten rückten nun zunehmend soziale Aufgaben in den Alltag der Betreuerinnen. Der Grundsatz Fröbels, Kinder zu selbstbestimmten, selbstständig denkenden Individuen zu erziehen, konnte in den Volkskindergärten aufgrund der mangelhaften Ausbildung der Betreuerinnen nicht mehr aufrechterhalten werden, und so glichen die Volkskindergärten trotz des Fröbel'schen Ansatzes mehr den Bewahranstalten als den Kindergärten (vgl. ebd., S. 36f.). Die Entwicklung des Fröbel'schen Kindergartens, die sich in der ersten Hälfte des 19. Jhdts. vollzogen hat, soll im folgenden näher erläutert werden.

2.1 Ein Frauenberuf entsteht - ein Mann als Gründer: Leben und Werk Friedrich Fröbels (1782 – 1852)

Friedrich Fröbel, dem "Vater des Kindergartens", kommt eine besondere Rolle bei der Entstehung der heutigen Situation von Männern in der außerfamilialen Kleinkinderziehung zu, denn durch ihn „setzt sich endgültig die Verengung eines im Entstehen begriffenen Berufsbildes, der Kindergärner*in*, auf das weibliche Geschlecht durch." (Oswald 2012, S. 282).

Geboren wird Friedrich Fröbel am 21.04.1782 in Oberweißenbach/ Thüringen. 1783, schon in seinem ersten Lebensjahr stirbt seine Mutter.

1797 – 1799 absolviert er eine Forst- und Geometerlehre, 1799 – 1801 folgt das Studium der Naturwissenschaften (vgl. Frey et al. 2006, S.33f.).

Nachdem er einige Jahre in der Forst- und Landwirtschaft tätig war, arbeitet Fröbel als Lehrer an der Pestalozzi- Musterschule in Frankfurt/Main (1805-1806), bevor er als Hauslehrer in den Dienst bei Familie von Holzhausen in Frankfurt/Main eintritt (1806-1811). In dieser Zeit ist Fröbel als Schüler von Johann Heinrich Pestalozzi in Yverdon in der Schweiz und gleichzeitig Hofmeister der 3 Söhne der Familie von Holzhausen (vgl. ebd.). Von 1811 - 1813 studiert er in Göttingen und Berlin neben Sprache, Naturwissenschaften und Mineralogie bei dem Philosophen Johann Gottlieb Fichte, dem damals wichtigsten Vertreter des deutschen Idealismus (vgl. ebd., S. 19ff.). Danach kämpft er 1813–1814 für das „Lützower Freicorps" gegen Napoleons Fremdherrschaft. Diese Zeit wird als prägend für Fröbels pädagogische Ideen angesehen (vgl. ebd.). Von 1813-1816 arbeitet er als Assistent im Mineralogischen Institut in Berlin und hört nebenbei Vorlesungen des Philosophen Schleiermacher zu ethischen Fragen (vgl. ebd.). Dies führte wahrscheinlich dazu, dass er sich ab 1816 ausschließlich der Pädagogik widmete: „Menschenbildner, Menschenpfleger, Erzieher wollte er sein." (Frey u.a., S. 20).

1817 gründet er mit der Unterstützung seiner Freunde Middendorf, Langenthal und dem Burschenschaftler Barop ein Internat in Keilhau. Hier entstand ein neuer Schultyp nach Fröbels eigenem pädagogischen Konzept, welches auf Pestalozzis Methode der sinnlichen Anschauung aufbaute. In der Zeit von 1817–1831 entstand sein Hauptwerk „Die Menscherziehung" als möglicherweise erster komplexer Ratgeber sowohl für Eltern, Erzieher als auch Lehrer (vgl. ebd., S. 23). Fröbel vertrat schon damals die Ansicht, dass beide Geschlechter nach dem Gesetz des Gegensatzes zur Erziehung von kleinen Kindern nötig seien und nicht dem weiblichen Geschlecht allein überlassen bleiben sollte (vgl. Rabe-Kleberg 2003, S. 44).

In dieser Zeit entwickelt er auch den „Helba-Plan": eine Einheitsschule sollte entstehen, in der Kinder vom Vorschulalter bis zur Hochschulreife oder Berufsausbidung erzogen werden. Fröbels Konzept, welches freie, denkende Menschen und keine „Staatsmaschinen" hervorbringen sollte, führte damals zu großen Widerständen. Die Keilhauer Einrichtung fiel unter den Verdacht der Volksverhetzung. Seine Schülerzahlen gingen in Folge von Denunziationen bis 1829 drastisch zurück. 1831 siedelt er in die Schweiz um. Dort eröffnet er eine Erziehungsanstalt in Wartensee bei Luzern, wo er von seinem Neffen Ferdinand Fröbel unterstützt wurde, während die Einrichtung in Keilhau von seinen Freunden weitergeführt wurde. 1833 wurde die Anstalt in Wartensee nach Willisau verlegt. 1835 übernahm er die Leitung eines Waisenhauses in Burgdorf. In dieser Zeit entwickelt er sein pädagogisches Konzept weiter zu einem „Bildungsplan für das Waisenhaus zu Burgdorf". Hier finden sich erste kindergartenähnliche Ansätze, und er beginnt damit, Spielmittel für Kinder, die „Spielgaben" herzustellen, welche die Spieltätigkeit der Kinder anregen sollten. Nach seiner Rückkehr nach Deutschland eröffnet er 1837 eine „Anstalt zur Pflege des Beschäftigungstriebes der Kinder und Jugend" in Bad Blankenburg. Hier wurden die „Spielgaben" mit ausführlichen Anleitungen vertrieben. Er gründet die sogenannten „Spielkreise", die von „Spielführern" geleitet wurden. 1839 sollte dann die erste „Bildungsanstalt für Spielführer" entstehen. 1840 folgt die Gründung der Stiftung „Allgemeiner deutscher Kindergarten". Weitere Spielanstalten entstanden unter der Leitung von Absolventen der Kurse für Kinderführer (vgl. ebd.), 1842 beginnen die Ausbildungskurse für Mädchen und Frauen zu Kindergärtnerinnen. 1844 werden die „Mutter und Koselieder" als pädagogische Anregung für Mütter veröffentlicht. 1850 erfolgte die Gründung der ersten Schule zur Ausbildung von Kindergärtnerinnen in Bad Liebenstein als „Anstalt für allseitige Lebenseinigung durch entwickelnd-erziehende Menschenbildung" (vgl. ebd., S. 26ff.).

Fröbel selbst bezeichnete den Kindergarten als untersten Teil des Bildungssystems. Im Jahre 1848 empfahl eine Petition, öffentliche Kindergärten in allen Gemeinden einzuführen. Unterstützt wurde diese durch die Lehrerversammlung von Rudolfstadt, die einen Antrag an die Nationalversammlung stellte, den Kindergarten als Vorstufe des Bildungswesens anzuerkennen.

Der Antrag wurde abgelehnt, da Fröbels Ideen als sozialistisch angesehen wurden. Im Jahr 1851 verhindert das preußische Kindergartenverbot eine weitere Ausbreitung der Pädagogik Fröbel. Er verstirbt am 21.6.1852 (vgl. ebd., S. 32f.). Seine Idee verbreitete sich jedoch posthum in Deutschland und das, trotz des preußischen Kindergartenverbots von 1851 (vgl. Berger 2016, S.29). In den1850er Jahren erfolgt durch Auswanderung von Schülerinnen eine Verbreitung der „deutschen Idee" nach England mit der Bildung von Kindergärten und der Gründung der späteren „Manchester Fröbel-Society" sowie in die Vereinigten Staaten in Form von Kindergärten für englischsprechende Kinder in Boston 1860 (vgl. ebd., S. 34). Die Friedrich Fröbel zugeschriebene Bezeichnung „Kindergarten", die sich als Germanismus in vielen Sprachen wiederfindet, gab es wohl schon früher: Jean Paul (dt. Schriftsteller) sprach vom „Kindergarten", Martin Luther vom „Garten der Kinder". Berger hält fest, dass Kindergarten im Wortumfeld der Zeit vor Fröbel schon vorhanden war (vgl. ebd., S. 23). Für Fröbel war die Bezeichnung jedoch ein Ausdruck seines pädagogischen Konzepts, weshalb er auf der Verwendung des Namens bestand. Er stellte seinen Kindergarten den Bewahranstalten gegenüber, verglich diese mit dem erstarrten Winter, während die Kindergärten für den sich entfaltenden Frühling standen. Der Frost des Winters ließe die Kinder stillstehen, Spontaneität und Entwicklung werde nicht nachgegangen, damit der Erzieher die Kinder belehren könne. Im Gegensatz dazu wecke der Kindergarten die Kräfte des kindlichen Lebens gleich dem Frühling auf (zit. nach Hebenstreit 2003, S. 379f.).

2.2 Der Kindergarten in Deutschland nach Fröbel bis heute

Nachdem das Verbot der Kindergärten im Jahre 1861 aufgehoben war, gründete Henriette Goldschmidt, eine Schülerin Fröbels, die ersten Seminare für Kindergärtnerinnen. 1898 forderte sie in einer Bittschrift vom preußischen Kultusministerium, die damalige Regelung der Seminare zu ändern. Diese unterlag nicht der Schulordnung, sondern der Gewerbeordnung, was zur Folge hatte, dass jeder ohne Vorbildung Seminare für Erziehung abhalten durfte. Des Weiteren forderte sie, die Kindergärten der staatlichen Schulaufsicht zu unterstellen, Kindergärten sollten verpflichtend in allen Gemeinden mit Volksschulen eingerichtet werden und deren Besuch für alle Kinder mindestens 2 Jahre vor Schuleintritt verpflichtend sein. Dieses Anliegen wurde nur zum Teil und erst 1908 realisiert: Die Ausbildung der Kindergärtnerinnen wurde zunächst in den Lehrplan der Frauenschulen einbezogen und 1911 die erste Prüfungsordnung für Kindergärtnerinnen und Jugendleiterinnen erlassen. So entstand in Leipzig 1910 der Frauenberuf Kindergärtnerin, als die Studienkurse an der dortigen Frauenschule in freien Vorlesungen, die allen Frauen ab 18 Jahren offenstanden, eröffnet wurde (vgl. Aden-Grossmann 2011, S. 39).

Auf eine enge Verknüpfung des entstehenden Berufs mit der Frauenbewegung weist auch der Autor Metzinger hin. Die Tätigkeit wurde als Möglichkeit zur Erlangung gesellschaftlicher Anerkennung und Emanzipation angesehen. Jedoch sei dies auch im Zusammenhang mit der Auffassung geschehen, dass die Frau aufgrund ihrer Eigenschaften besonders gut für den Erzieherinnenberuf geeignet sei. Die Berufsanforderungen wurden also zunächst von der Mutterrolle abgeleitet (vgl. Metzinger 2013, S.392). Metzinger führt weiter aus, dass die Kindergärten und ihre Vorläufer nicht wie in anderen Ländern als unterste Stufe des Bildungssystems betrachtet wurden. Die Ausbildungsgänge sind in der Regel an hauswirtschaftlich-pflegerischen Schulen angeboten worden. Alle Versuche einer Angleichung an die berufliche Stellung des Lehramtes oder einer Anhebung des Ausbildungsniveaus seien gescheitert (vgl. ebd.). 1922, in der Zeit der Weimarer Republik (1919-1933), kam es zu einer ersten gesetzlichen Regelung der Kleinkinderziehung im Rahmen des Reichsjugendwohlfahrtsgesetz (RJWG), 1928 zu einer Verlängerung der Ausbildung auf zwei Jahre. Die Reformpädagogik, insbesondere Maria Montessori (1870-1952) prägte maßgeblich die Kindergärtnerinnenausbildung. Die Leiterin, wie die Erzieherin bei Montessori genannt wurde, sollte die Bereiterin der Umgebung sein und dem Kind dabei helfen, „es selbst" zu tun (vgl. ebd.).

Zwischen 1933 und 1945 wurde die Institution Kindergarten der Ideologie des Nationalsozialismus untergeordnet. Im Kindergarten sollten Jungen und Mädchen auf ihre Rollen als Kämpfer für das Volk und die Mutterschaft vorbereitet werden. Prädestiniert für die Pflege und Erziehung waren nach Auffassung der nationalsozialistischen Gesellschaft nur die Frauen, ein Einsatz von Männern geradezu undenkbar. Voraussetzungen für eine Kindergärtnerinnenausbildung waren, über eine arische Abstammung und eine „Führernatur" zu verfügen. Pädagogische Inhalte wurden vernachlässigt (vgl. ebd.). Die Zeit nach der Beendigung des zweiten Weltkriegs und bis weit in die 50er Jahre des 20. Jhdts. war geprägt von Kinderandrang, Raumnot und Personalmangel.

Erst ab 1962 gab es in der Bundesrepublik Deutschland eine dreijährige Ausbildung in Hamburg, die Männern und Frauen gleichermaßen offenstand. Bei der Kultusministerkonferenz (KMK) 1967 wurde die Ausbildung neu konzipiert und die Berufsbezeichnungen Erzieher und Erzieherin eingeführt. Der deutsche Bildungsrat forderte 1970 eine bessere Qualifizierung der Ausbildung in Form eines sechssemestrigen Studiums an einer Fachhochschule für Sozialpädagogik. Es blieb jedoch bei der bestehenden Ausbildungsstruktur, aber erst die im Jahre 2000 von der KMK verabschiedete Rahmenvereinbarung brachte inhaltliche Verbesserungen und eine Verlängerung des Ausbildungsgangs auf fünf Jahre (vgl. ebd., S. 395). Metzinger fasst zusammen, dass seit mindestens 160 Jahren überwiegend Frauen für die öffentliche Kleinkinderziehung in Deutschland verantwortlich sind. Als weitgehend reiner Frauenberuf mit einem Männeranteil von knapp 4% im Jahre 2011 „wird der Beruf der Erzieherin noch immer nicht als gesellschaftlich bedeutungsvoll gewertet, was sich auch an der geringen Bezahlung bemerkbar macht." (Metzinger ebd., S. 397). Das traditionelle Frauenbild sieht die Frau als „natürliche" Erzieherin an, die Aufgabe der Erziehung wird daher als natürlicher Bestandteil des Frauenlebens angesehen und nicht als gesellschaftlich relevante öffentliche Aufgabe. Die Anforderungen an die Berufsgruppe haben sich aber seit der Entstehung des Berufs um ein Vielfaches erweitert. Der Kindergarten stehe vor enormen Herausforderungen, die frühe Förderung und Bildung im frühpädagogischen Bereich werden zunehmend Bedeutung erlangen. ErzieherInnen müssen sich im eigenen Interesse auf lebenslanges Lernen einlassen. Im Hinblick auf die gesellschaftlichen Veränderungen des 21.Jhdts. müsse sich die Frühpädagogik offen für Veränderungen und innovationsfähig zeigen, Anpassungen der Ausbildung vornehmen und auf die Ausweitung des Aufgabenprofils achten (vgl. ebd., S. 399).

2.3 Männliche Erzieher im historischen Kontext

In der Anfangszeit der außerfamilialen Kleinkinderziehung haben männliche Pädagogen durchaus eine beträchtliche Rolle gespielt: Der bereits erwähnte Wilderspin, Begründer der englischen „Infant School" 1823, sah für die Leitung seiner Institute sowohl einen Lehrer (Master) als auch eine Lehrerin (Mistress) vor, zwar mit der für die damalige Zeit üblichen Aufgabenteilung Leitung beim Mann, Aufsicht und Pflege bei der Frau, aber immerhin mit dem Gedanken verbunden, dass beide Geschlechter ihren Aufgabenbereich in der Kindererziehung haben sollten. Dieser Grundgedanke wurde durch die Übersetzung von Wilderspins Handbuch: „On the Importance of Education the Infant poor, from age of eighteen months to seven years" bis in die damalige deutsche Regierung getragen und fand dort sogar Berücksichtigung in Regierungserlassen. Pfarrer Theodor Fliedner, der Gründer

der Kleinkinderschule in Kaiserswerth, lehnte die Beteiligung der Männer jedoch entschieden ab (vgl. Oswald 2012, S. 281f.).

Im Jahre 1834 wurde in Augsburg eine Kleinkinderschule als wahrscheinlich erste deutsche Einrichtung in öffentlich-kommunaler Trägerschaft eröffnet (vgl. Berger 2016, S. 20f.). Der Pädagoge Johann Georg Wirth übernahm dort die Leitung. Wirth schrieb eine Anleitung für die Errichtung von Kleinkinder-Bewahranstalten, in der er sich für eine Spielpädagogik und gegen eine frühzeitige auf das Lernen ausgerichtete Pädagogik ausspricht. Er sprach sich für eine grundsätzliche Übertragung der Leitung auf Männer aus mit Ausnahmen für Frauen, die sich für das Schulfach gebildet haben (vgl. ebd.). Friedrich Fröbel selbst wandte sich mit seinem ersten Ausbildungskonzept 1839 nicht an die Frauen, sondern explizit an Männer, deren spätere Aufgabe die Volksbildung werden sollte. Diese sollten die Erfahrungen in der Kleinkinderziehung als Chance zu Selbst- und Weiterbildung nutzen (vgl. Hebenstreit 2003, S. 443). Im Jahre 1841 spricht Fröbel von „Personen", gemeint sind „Jünglinge und Jungfrauen", die er für die Tätigkeit im Kindergarten anwerben möchte (vgl. Konrad 2016, S. 20). Dass er dabei vor allen Dingen männliche Bewerber im Sinn hatte, kommt in einer von ihm verfassten Werbeschrift für Kindergärten zum Ausdruck. Er wendet sich an zukünftige Lehrer von Kleinkinderschulen und benutzt ausschließlich die männliche Form: „der Erzieher", „der Pfleger" und „der Lehrer" (vgl. ebd., S. 21). Fröbel wollte nicht nur Fachkräfte für seine Kindergärten, sondern auch für die Kleinkinderschulen ausbilden. Konrad nimmt an, dass Fröbel vorhatte, sein pädagogisches Konzept in die überwiegend konfessionellen Bewahreinrichtungen einfließen zu lassen. Festzuhalten bleibe, dass Fröbel zunächst die Männer und erst später Frauen angesprochen hat. Es sollten aber nicht irgendwelche Männer sein, sondern diejenigen, die bereits ein Theologiestudium oder ein Lehrerseminar absolviert hatten, damit sie danach umso bessere Lehrer und Theologen wären. Ein Ansinnen, das in diese Zeit passte, in der viele angehende Lehrer und Theologen zumindest zeitweise als Hauslehrer in wohlhabenden Familien tätig waren. Wie bereits beschrieben, waren es in der Hauptsache die Volksschullehrer, die im Revolutionsjahr 1848 die Gründung von Fröbel-Kindergärten als Basis des Schulwesens einforderten (vgl. ebd.).

In der Berufsausbildung und bei der Verbreitung der Kindergärten waren neben den Schülerinnen Fröbels ebenfalls männliche Pädagogen beteiligt. Wilhelm Middendorf, den Fröbel im Freicorps kennenlernte, der viele Jahre sein Freund, Wegbegleiter und enger Mitarbeiter war, entwickelte 1848 in Zusammenarbeit mit

Fröbel ein erstes Kindergarten-Konzept: „Die Kindergärten. Bedürfniß der Zeit. Grundlage einigender Volkserziehung", welches bei der Volksversammlung vorgelegt wurde. Er belegte darin anhand von verschiedenen Alltagsbeispielen die Notwendigkeit der Einführung von Kindergärten für alle, sowohl arme als auch reiche Bürger. Die Konzeption betont die Bedeutung des Spiels für die kindliche Bildung und Entwicklung (vgl. Berger 2017a). Middendorf kümmerte sich intensiv um die Verbreitung der Kindergärten. Ihm gelang 1847 in Lünen die Eröffnung des ersten Fröbel-Kindergartens im damaligen Nordwestdeutschland, wo die Fliedner Kleinkinderbewahranstalten sehr verbreitet waren. Middendorf war nach Aufzeichnungen von Ida Seele und Eleonore Heerwart, beide Schülerinnen von Fröbel, vermutlich sogar der bessere Pädagoge als Fröbel. Er führte nach Fröbels Tod 1852 die Anstalt in Keilhau weiter und verstarb ein Jahr später. Der zweite männliche Pädagoge in diesem Zusammenhang war Wichard Lange. Dieser erlangte 1850 die Doktorwürde und erhielt 1851 eine Konzession für die Leitung einer Knabenschule und eröffnete im selben Jahr eine private Elementarschule in Hamburg auf der Grundlage von Fröbels Konzept der Förderung des eigenständigen Denkens und Handelns. Er bezeichnete Fröbel als Reformator der Erziehung kleiner Kinder (vgl. Berger 2017b). 1850 begann er mit seinen „Beiträgen zum Verständnis Fröbels" und sorgte mit der Herausgabe einer Sammlung von Fröbel-Texten für den theoretischen Unterbau der Fröbel-Pädagogik (vgl. ebd.). Lange vertrat jedoch die allgemeine Ansicht vom Kindergarten als „mütterliche" Erziehungsanstalt und betonte den pädagogischen Auftrag des Kindergartens, den er in vier Aspekte einteilte: Spiel und Bewegung, Singen, Förderung von Sprache und sinniger Unterhaltung, sowie sinnvolle, angeleitete Beschäftigung mit den Spielmitteln. Das Ganze unter der Leitung der Kindergärtnerin, die jeder Individualität nachgehen soll (vgl. ebd.).

Schon in der frühen Phase der Entwicklung des Kindergartens spielte die Stadt Hamburg eine große Rolle. 1843 wurde dort ein erster Kindergarten gegründet. Einige Teilnehmerinnen des Ausbildungsseminars für Kindergärtnerinnen sollten später durch Auswanderung für die internationale Verbreitung des Kindergartens sorgen. 1850 folgte ein nicht-konfessioneller „Bürgerkindergarten". Neben der Gründerin Johanna Goldschmidt setzte sich dort Heinrich Hoffmann, Lehrer und Kindergärtner, für die Gründung von Kindergärten in Hamburg ein. Auch der Schulpädagoge Adolph Diesterweg war überzeugt von Fröbels Pädagogik. Er vertrat die Auffassung, dass der Kindergarten keine Nothilfeeinrichtung sein soll, sondern eine Ergänzung zur Erziehung in der Familie. Das Spiel solle im Zentrum der frühkindlichen Pädagogik stehen. Der Erzieher unterstütze durch verständige Auswahl die belehrende und kräftigende Wirkung des Spiels (vgl. ebd., S. 39).

Zu den Gründen, warum aus dem Vorschlag, Männer im Kindergarten einzusetzen, dann doch nichts wurde, führt Konrad aus, dass die Volksschullehrer zwar anfänglich eine Zusammenführung des Kindergartens mit dem Schulwesen befürworteten, sie hätten aber nicht nur durch äußeren Druck, sondern auch aus eigenen Standesinteressen das Engagement eingestellt. Die Zusammenführung mit Kleinkinderbewahranstalten, Kleinkinderschulen und Kindergärten hätte möglicherweise den eigenen mühsam erreichten Status in Frage gestellt. Es blieb in der Folge dabei den vorschulischen Einrichtungen lediglich fürsorgerische anstatt schulvorbereitende Funktionen zuzuschreiben. Der Begriff Schule im Zusammenhang mit den Kleinkindereinrichtungen steht laut Konrad im Widerspruch zu den Inhalten, die überwiegend religiöser Natur waren und keinerlei schulvorbereitenden Charakter hatten (vgl. Konrad 2016, S. 23).

Konrad stellt in Frage, dass sich der Männeranteil in den Kindergärten erhöht hätte, wäre der Vorschlag die Kindergärten an das Schulsystem anzugliedern, angenommen worden. Er gibt zu bedenken, dass die Volksschule damals zwar eine Domäne der Männer war, das Geschlechterverhältnis des Personals habe sich jedoch in der Grundschule, im Gegensatz zum vorschulischen Bereich, dramatisch gedreht. Der Anteil der weiblichen Lehrkräfte lag im Jahr 1900 bei 15%, stieg in den 1920-er-Jahren auf 25%, überschritt in den 1960-er Jahren erstmals 50%, und lag im Schuljahr 2007/8 bei 89,5%. Konrad resümiert, dass sich auch ein anfänglich höherer Männeranteil im Vorschulbereich wohl nicht auf Dauer gehalten hätte (vgl. ebd., S. 24). Laut Hebenstreit (2003) liegt der Mangel an Männern in der Kita auch daran, dass sich der Beruf der Kindergärtnerin und des Erziehers, bzw. des Kindermädchens und Hauslehrers von Beginn an keiner hohen gesellschaftlichen Anerkennung erfreut, weil damals, wie heute, angenommen wurde, dass je jünger die Kinder sind, desto geringer das Ausbildungsniveau der für sie zuständigen PädagogInnen sein kann (vgl. Hebenstreit 2003, S. 445).

Das von der Frauenrechtlerin Henriette Schrader-Preymann postulierte Konzept der „geistigen Mütterlichkeit" war ein politischer Kunstgriff, um eine qualifizierte Tätigkeit für Frauen zu etablieren, ohne gegen das bestehende Herrschaftsparadigma zu verstoßen, fasst Autorin Schaffer (2013) zusammen. Dadurch hatten auch Frauen, die keine eigene Mutterschaft verwirklichen konnten, die Möglichkeit, diese besondere Fähigkeit in einem Beruf auszuleben. Schaffer stellt fest, dass bis heute überwiegend den Frauen die Erziehung und Betreuung von Kindern und Jugendlichen sowohl im privaten als auch im professionellen Kontext zugeschrieben wird (vgl. Schaffer 2013, S. 13).

dern und Jugendlichen sowohl im privaten als auch im professionellen Kontext zugeschrieben wird (vgl. Schaffer 2013, S. 13).

3 Männliche Erzieher in der Kita heute

Wie im vorangegangenen Kapitel dargestellt, ist die überwiegend weibliche Prägung des Berufsfeldes aufgrund von historischen Zusammenhängen bei der Entwicklung der vorschulischen außerfamilialen Kleinkinderziehung entstanden. Der Beruf „Kindergärtnerin" diente bereits unmittelbar nach seiner Entstehung dazu, ein Berufsfeld zu etablieren, welches Frauen erstmalig Chancen für eine gleichberechtigte Ausbildung eröffnete. Psychologie, Pädagogik und Naturwissenschaften waren bis dahin nur männlich konnotierte Bereiche, und eine Berufsausbildung für Frauen nicht üblich (vgl. Metzinger 2013, S.391).

„Gender Mainstreaming" (Gleichstellung der Geschlechter), ist laut Hubrig (2010) die Umsetzung des im Grundgesetz Artikel 3, Absatz 2 vorgegebenen Anspruchs, dass alle Menschen vor dem Gesetz gleich, Frauen und Männer gleichberechtigt sind und niemand u.a. wegen seines Geschlechts benachteiligt oder bevorzugt werden darf (vgl. Hubrig 2010, S. 139). Durch eine moderne „Genderpädagogik" sollte die geschlechtsbewusste Erziehung zu einem besseren Verständnis der Geschlechter füreinander und damit zu einem ausgeglichenen, gleichberechtigten, gesellschaftlichen Miteinander führen. Geschlechtstypische Verhaltensweisen und Zuweisungen sollen bewusst reflektiert werden. Entwicklungsmöglichkeiten sollten sich nicht an tradierten Rollenbildern orientieren, da unbewusste, geschlechtstypische Interaktionen von Erzieherinnen und Erziehern Jungen und Mädchen in ihrem geschlechtsspezifischen Verhalten bestärken können (vgl. ebd., S. 6).

Das nun folgende Kapitel widmet sich der Frage, ob und wie der Beruf sich diesbezüglich inzwischen verändert hat. Dazu wird zunächst die aktuelle Statistik zum Anteil der männlichen Fachkräfte in deutschen Kindertagesstätten dargestellt. Die Rolle der Männer in der heutigen Gesellschaft im Allgemeinen und im Kontext der frühkindlichen Erziehung werden aus soziologischer und psychologischer Sicht in den einzelnen Beziehungsfeldern Team-, Jungen-, Mädchen- und Elternarbeit betrachtet.

3.1 Männliche Fachkräfte in der aktuellen Statistik

Wie die AutorInnen des aktuellen Fachkräftebarometers (2017) erläutern, ist die bestehende Diversität in Kitas mit den Themen Gender, Alter und Migration, gleichzeitig Ressource und Herausforderung. Daher sei eine weitere Erhöhung des Männeranteils von aktuell 5,3% erstrebenswert. Bei den unter 30-jährigen männlichen Pädagogen sei der Anteil verhältnismäßig stark angestiegen. Diese Gruppe bildet den höchsten Anteil der 31.000 Männer in Kitas. Männer seien häufiger in Kitas mit älteren Kindern anzutreffen und übernehmen seltener als Frauen Leitungsaufgaben. Die AutorInnen rechnen zwar mit einem weiter ansteigenden Anteil, an der genderspezifischen Verteilung im Berufsfeld werde sich aber auch in absehbarer Zukunft nicht viel ändern. Der Personalbedarf werde jedoch generell ansteigen und vom nachrückenden Personal nicht gedeckt (vgl. Autorengruppe Fachkräftebarometer 2017, S. 13).

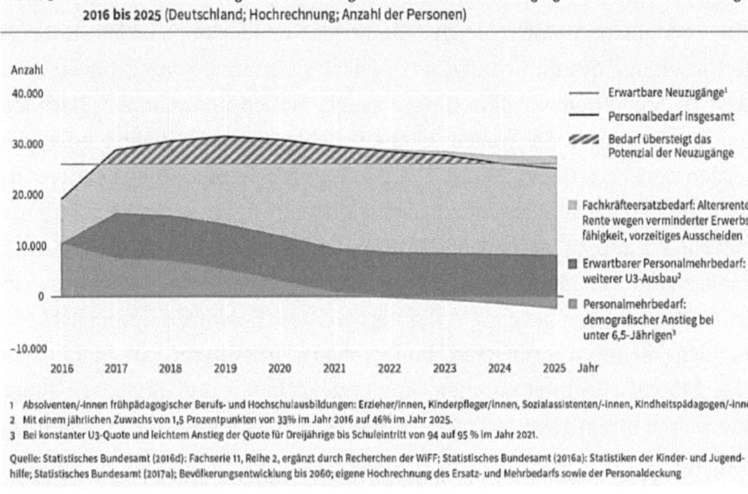

Abbildung 1: Fachkräftebarometer Frühe Bildung (2017)
https://www.weiterbildungsinitiative.de/aktuelles/news/detailseite/data/trotz-starkem-ausbau-kitas-stehen-vor-fachkraeftemangel/ (ges. am 04.01.18, 10:44 MEZ)

Im Fachkräftebarometer finden sich bei der Zusammenfassung der Ergebnisse auch statistische Hinweise auf eine beginnende Veränderung bei der Thematik. So ist die Männerquote in ostdeutschen Kitas mit 6,6% inzwischen höher als im Westen, 2006 war es noch umgekehrt. Der Anteil männlicher Beschäftigter bei den Akteuren der Wohlfahrtsverbände ist mit 8-10% überdurchschnittlich hoch und wie bereits erwähnt, liegt der Anteil von Männern an den Leitungskräften mit 4,9% deutlich unter dem der Frauen (5,5%). Damit seien die Aussichten in die Einrichtungsleitung aufzusteigen für Männer eher geringer. Mit 53% lagen die Männer bei der Vollzeitbeschäftigung 13% über den weiblichen Beschäftigten (vgl. ebd., S.149ff.).

Weitere Datenerhebungen zum Anteil der männlichen Fachkräfte in deutschen Kindertagesstätten belegen laut Senger (2016) ebenfalls einen kontinuierlichen Anstieg des Männeranteils. Seit dem Start der Koordinationsstelle „Männer in Kitas" 2010 und des 2011 initiierten Modellprogramms des europäischen Sozialfonds (ESF) „MEHR Männer in Kitas" hat sich der Anteil der männlichen pädagogischen Fachkräfte um 50 Prozent auf 3,78 Prozent erhöht. In absoluten Zahlen habe sich damit der männliche Anteil verglichen mit 1998 zwar verdoppelt, weil aber auch der Anteil der weiblichen Beschäftigten in der Kita stark gestiegen ist, bleibt der relative Anteil der Männer gering (vgl. Senger 2016, S. 13). Im europäischen Ländervergleich bildet Deutschland keine Ausnahme, stellt Senger fest. Jedoch sei das Land Norwegen hervorzuheben, das es geschafft habe, den Anteil der männlichen Beschäftigten auf durchschnittlich 9% anzuheben. Dies liege vor allem daran, dass die „Naturkindergärten" einen sehr hohen Männeranteil von bis zu 70% aufweisen. Senger weist darauf hin, dass europäische Vergleiche aufgrund unterschiedlicher Erhebungsvoraussetzungen nur eingeschränkt miteinander vergleichbar seien (vgl. ebd.). Spitzenreiter der bundesdeutschen Statistik 2016 ist Hamburg mit einem Anteil von 9,9%, gefolgt von Bremen und Berlin. Ein möglicher Erklärungsansatz liegt in der vergleichsweise hohen Vergütung für Leitungskräfte. Senger führt weiter aus, dass Elterninitiativen einen fast doppelt so hohen Männeranteil aufweisen. Die Autorin führt das auf weniger starre Konzepte zurück, die mehr Freiräume ermöglichen. Sie merkt an, dass sich eher dort Männer einfinden, wo schon welche vorhanden sind (vgl. ebd., S.15). Senger erklärt den niedrigen Anteil männlicher Fachkräfte mit der traditionellen Geschlechterordnung, der schlechten Entlohnung, niedriger sozialer Anerkennung und geringen Aufstiegschancen. Ein weiteres Hindernis sei die lange, unbezahlte Ausbildung (vgl. ebd., S. 16).

In Deutschland zeigen sich deutliche Unterschiede zwischen den Bundesländern, wie in der nachfolgenden Grafik dargestellt wird. Zudem ist der Anteil männlicher Erzieher in den Städten generell höher als auf dem Land. Eine Erkenntnis, die aktuell aus den Statistiken gezogen wird, ist, dass diejenigen Einrichtungen leichter Männer gewinnen, in denen bereits Männer beschäftigt sind. Insgesamt verteilen sich die 5,0 Prozent Männer in KiTas auf 28,2 Prozent aller 51.000 frühpädagogischen Einrichtungen, was bedeutet, dass im Bundesdurchschnitt etwa in jeder vierten Kita mindestens ein Mann arbeitet (vgl. Koordinationsstelle Männer in Kitas 2017). Die Koordinationsstelle konstatiert im August 2017, dass „die Männer noch nicht in der Breite angekommen sind".(ebd.).

In der abgebildeten Grafik sind nur männliche Fachkräfte, keine Hilfskräfte oder sonstige Mitarbeiter berücksichtigt.

Bundesländer 2016		Pädagogische Fachkräfte					
		Geschlecht					
		männlich		weiblich		Gesamt	
		Anzahl	%	Anzahl	%	Anzahl	%
Land	1 Schleswig- Holstein	1079	6,4	15691	93,6	16770	100,0
	2 Hamburg	1230	9,9	11134	90,1	12364	100,0
	3 Niedersachsen	1935	4,3	43561	95,7	45496	100,0
	4 Bremen	333	7,9	3893	92,1	4226	100,0
	5 Nordrhein- Westfalen	3507	3,5	95788	96,5	99295	100,0
	6 Hessen	2452	5,9	38778	94,1	41230	100,0
	7 Rheinland- Pfalz	902	3,4	25731	96,6	26633	100,0
	8 Baden- Württemb.	2696	3,5	73541	96,5	76237	100,0
	9 Bayern	1718	2,3	72694	97,7	74412	100,0
	10 Saarland	175	3,2	5299	96,8	5474	100,0
	11 Berlin	2402	9,2	23829	90,8	26231	100,0
	12 Brandenburg	792	5,1	14671	94,9	15463	100,0
	13 Meckl.- Vorp.	430	4,2	9888	95,8	10318	100,0
	14 Sachsen	1323	5,2	24259	94,8	25582	100,0
	15 Sachsen- Anhalt	469	3,2	14216	96,8	14685	100,0
	16 Thüringen	540	3,8	13495	96,2	14035	100,0
	Gesamt	21983	4,3	486468	95,7	508451	100,0

Abbildung 2: Koordinationsstelle Männer in Kitas (2017a)
http://mika.koordination-maennerinkitas.de/forschung/maenneranteileinrichtungen/
(ges. am: 04.01.18, 10:44 MEZ)

3.2 Männlichkeit als soziale Rolle und Herausforderung

Geschlechter werden laut Buschmeyer (2013) "konstruiert" und auch Berufe haben zunächst kein bestimmtes Geschlecht, sondern werden zu Frauen- oder Männerberufen gemacht. Die als männlich konnotierten Bereiche haben in der Regel einen besseren Status, als die weiblichen, die eine Abwertung erfahren und als nicht erstrebenswert gelten. Die geschlechtliche Zuordnung zu den Berufen ist jedoch wandelbar (vgl. Buschmeyer 2013, S. 35).

Dass eine Differenzierung nach Geschlechterrollen schon in den 50er–Jahren als universelles Phänomen identifiziert wurde, bestätigt auch die Autorin Schaffer. In den 1970-er Jahren begann in der Geschlechterforschung ein Umdenken weg von der Vorstellung, dass sogenannte männliche oder weibliche Eigenschaften körperbezogen sein müssen, sondern Geschlechter werden, wie bereits erwähnt, als sozial konstruiert erkannt. Laut Schaffer belegen psychologische Studien diese Annahme. Anthropologische, biologiehistorische und neurowissenschaftliche

Forschungen weisen auf eine kulturbezogene Interpretation des Geschlechts hin. Daraus folge die Konsequenz, den politischen Diskurs nicht mehr über biologische Ausstattungen der Geschlechter zu führen, sondern aus konstruktivistischer Sicht zu betrachten: Geschlecht ist keine Eigenschaft, sondern ein erworbenes Verhaltensrepertoire. Diese tägliche Ausgestaltung wird als „doing Gender" bezeichnet (vgl. Schaffer 2013, S. 14).

„Doing Masculinity" ist die betonte Darstellung männlichen Verhaltens, die mit den Merkmalen einer „Hypermaskulinität" verbunden sein kann, wie Gesten und Selbstinszenierungen, männlichem Dominanzverhalten, das Herstellen von Männlichkeit durch entsprechende Körperhaltungen, der Gebrauch bestimmter Sprüche und ein Hang zu Gewalt. Dabei können drei typische Verhaltensmuster nachgewiesen werden, die mit der Selbstdarstellung von Männlichkeit verbunden sind: Der Umgang mit Technik, das Betreiben von Sport und die Selbstdarstellung der eigenen heterogenen Sexualität (vgl. ebd., S.17).

Die Sozialisationsforschung beschäftigt sich zunehmend aber auch mit dem Phänomen „Queer-Identitäten". Mit dem Begriff „queer" werden laut Duden alle Geschlechtsidentitäten bezeichnet, die von der Norm abweichen. Das sind alternative Formen von Geschlechtsidentitäten wie Transgender (männliche Geschlechtsmerkmale im genetisch weiblichen Körper oder umgekehrt), die über moderne Medien - wie beispielsweise mit der Transgender-Kunstfigur „Conchita Wurst" - Einfluss auf die Entwicklung erlangen können (vgl. ebd.). Das Grundrecht auf ein „drittes Geschlecht" soll aufgrund einer Entscheidung des Bundesverfassungsgerichts im Herbst 2017 im Grundgesetz der Bundesrepublik Deutschland verankert werden.

In der aktuellen Geschlechterforschung werde die moderne männliche Geschlechterrolle oft als widersprüchlich und diffus beschrieben. Es sei aus psychologischer Sicht geradezu ein „prekäres Anliegen", eine angemessene Geschlechterrollenidentität zu entwickeln (vgl. Schaffer 2013, S. 15).

Schaffer differenziert zwischen traditionellen und modernisierten Aspekten von Maskulinität, die sich durch ihre Rollenbilder stark voneinander unterscheiden. Dabei wird der Erwerb von Geschlechterrollenidentität laut Schaffer in zwei sozialtheoretischen Ansätzen beschrieben. Der individuumzentrierte Ansatz geht davon aus, dass sich heranwachsende Jungen mit dem Vater oder einer sozialen Vaterfigur identifizieren. Probleme entstehen bei diesem Ansatz durch Abwesenheit von Männlichkeit und sollen u.a. durch mehr Männer in der Betreuung von Kindern durch ein Angebot zur Identifikation kompensiert werden. Die sozialstrukturelle Sozialisationstheorie besagt, dass Männlichkeit immer wieder bestätigt werden muss. Probleme entstehen durch die gesellschaftliche Veränderung und den damit einhergehenden Mangel an Bestätigungsmöglichkeiten. Im Gegensatz dazu steht die vorindustrielle Zeit, in der sich das Mann-sein durch vielfältige physische Aktivitäten bestätigen ließ. Kompensatorische Tätigkeiten wie Handwerk, herausfordernde Hobbies etc. wirken zumeist nicht in ausreichendem Masse kompensierend und sind häufig mit Stress verbunden. Aufgrund dieser rollenspezifischen Argumentation hat sich auch die Problemsicht auf die Entwicklung der Kinder von den ehemals bildungsbenachteiligten Mädchen inzwischen auf die Jungen verlagert (vgl. ebd.).

Wie männliche Erzieher im Berufsfeld Männlichkeit konstruieren, beschreibt die Autorin Buschmeyer (2013) und greift dabei die Entstehung der Frauen- und Geschlechterforschung in den 60er und 70er Jahren des vorigen Jahrhunderts auf. In dieser Zeit begann die wissenschaftliche Auseinandersetzung mit dem Thema. In den 80er -Jahren wurde unterschieden zwischen dem Differenzansatz, welcher besagt Männer und Frauen sind grundsätzlich verschieden, und dem Gleichheitsansatz, der von der Annahme ausgeht, dass die Gesellschaft bestimmt, was als männlich oder weiblich gilt, und nur die Lebensbedingungen von Männern und Frauen sind unterschiedlich. In den 90er–Jahren begann die Unterscheidung von "sex" und "gender", also zwischen biologischem und sozial konstruiertem Geschlecht. In der Folgezeit widmete sich die Geschlechterforschung zunehmend dem Verhältnis der Geschlechter zueinander (vgl. Buschmeyer 2013, S. 46ff.). Buschmeyer führt aus, dass die Erkenntnis, die Zuordnung zu einem Geschlecht ließe sich über bestimmte, im wesentlichen körperliche, Handlungen definieren, die dem einen oder dem anderen Geschlecht zugeordnet sind, bzw. zugeschrieben werden, dem modernen "doing-gender"-Konzept entspricht. Diese Geschlechtszuschreibungen seien möglichst immer eindeutig, um das System der Zweigeschlechtlichkeit nicht zu gefährden (vgl. ebd., S. 54).

Wie bereits beschrieben, bezieht sich der "doing-masculinity-Prozess" auf die Zuschreibungen, die dazu beitragen, das Geschlecht eindeutig männlich zu definieren. Hier unterscheidet Buschmeyer positive (Vorbild) und negative (Verdacht) Positionen. Bei den positiven Zuschreibungen werden Männer als etwas Besonderes angesehen. Allein aufgrund ihres Geschlechts können Männer einen "Männerbonus" von Seiten der Eltern, des Teams oder der Leitung erfahren. Auch durch

Kinder, die Männer als etwas Besonderes in ihrer Einrichtung wahrnehmen (vgl. ebd., S. 209ff.).

Zu einer eindeutig negativen Zuschreibung zählt der Generalverdacht des Kindesmissbrauchs, sowie die Annahmen homosexuell oder pädophil zu sein. Dies zeigt das Spannungsfeld auf, in dem sich männliche Erzieher bewegen (vgl. Buschmeyer, S. 217ff.).

Selbst Erzieherinnen, die für einen höheren Männeranteil in Kitas plädieren, zweifeln oftmals an der Männlichkeit ihrer männlichen Kollegen, bestätigen Rohrmann und Wantzeck. Ihre besondere Qualität sei ja, dass sie das Weibliche in sich stärker herausbilden. Dieses Klischeebild trage zu der Annahme bei, dass männliche Pädagogen grundsätzlich homosexuell seien. Besonders problematisch sei überdies ein "Generalverdacht", der männliche Erzieher grundsätzlich in Verbindung mit dem Verdacht des sexuellen Missbrauchs bringt (vgl. Rohrmann; Wantzeck 2014, S. 112).

3.3 Gender Mainstreaming: Erzieher sind anders – Erzieherinnen auch

Selbstverständlich haben laut Walter (2012) alle Erwachsenen eine Vorbildfunktion für die Kinder und können sich damit aktiv am Annäherungsprozess der Geschlechter beteiligen, aber nur der Blick auf die unterschiedlichen Lebenslagen und Bedürfnisse von Mädchen und Jungen verhindert Benachteiligungen (vgl. Walter 2012, S. 12).

Einen Blick auf das Thema "Männer in Kitas" aus Kindersicht gewährt ein Kinder-Interview in der Fachzeitschrift „Theorie und Praxis der Sozialpädagogik" (2013). Die Ergebnisse der Befragung lassen sich wie folgt zusammenfassen: Die Kinder finden es ungerecht, dass so viele Frauen in der Einrichtung sind und schließen daraus, dass Männer bestimmt nicht so gern mit Kindern arbeiten. Zu der Frage nach Lieblingstätigkeiten mit männlichen Erziehenden werden von den Jungen Fußball-, „Star Wars" spielen und Werkstattarbeit genannt, von den Mädchen Ausflüge und Verstecken spielen. Bei den Lieblingstätigkeiten mit den Frauen stehen Vorlesen, Basteln und Gespräche für beide Gruppen im Vordergrund. Sie finden übereinstimmend, dass die Frauen und Männer gut zusammenarbeiten und antworten auf die Frage, ob es zukünftig mehr Männer in ihrer Kita geben soll, dass es ungefähr gleich viele Erzieher und Erzieherinnen sein sollen (vgl. Hauck 2013, S. 30).

In der „Tandem-Studie", eine von 2010-2014 durchgeführte Untersuchung des Erzieherverhaltens männlicher und weiblicher Fachkräfte in Kitas, wird belegt, dass die Frage nach Wirkungen des Geschlechts der Fachkräfte nur dann sinnvoll ist, wenn auch das Geschlecht der Kinder dabei berücksichtigt wird. Demnach ist das Geschlecht der Kinder ausschlaggebend für die Handlungen der Fachkräfte. (vgl. Brandes et al. 2016, S. 37). Ein weiteres Ergebnis ist, dass männliche und weibliche Fachkräfte sich qualitativ nicht wesentlich in ihrem pädagogischen Verhalten voneinander unterscheiden. Jedoch gebe es geschlechtstypische Unterschiede auf die Ausgestaltung der Inhalte. Insbesondere in der „Mann-Junge" - Konstellation werden andere Themen gewählt, als in der „Frau-Mädchen" - Konstellation. Männliche und weibliche Fachkräfte unterscheiden sich auch in der Art ihrer Kommunikation mit Jungen oder Mädchen voneinander, haben unterschiedliche pädagogische Herangehensweisen (vgl. ebd.).

Rohrmann und Wantzeck (2014) beziehen sich auf eine Metaanalyse zur ErzieherInnen-Kind Bindung der Entwicklungspsychologin L. Ahnert aus dem Jahr 2006, in der festgestellt wurde, dass Mädchen bessere Bindungen zu ihren Bezugspersonen entwickeln als Jungen. Möglicherweise liege das daran, dass die geschlechtsstereotype Einstellung der Erzieherinnen eine sichere Bindung erleichtern. In dem Zusammenhang ist auch der Rückzug in geschlechtergetrennte Gruppen (peer-groups) in Kitas beobachtet worden. Wenn dies dazu führt, dass sich negative Verhaltensweisen etablieren, und wenn man weiter annehmen würde, dass zu viele Frauen die Ursache für den Rückzug sind, dann ist der Schluss naheliegend, dass sich ein Überwiegen der weiblichen Fachkräfte störend auf die Entwicklung von Jungen auswirkt (vgl. Rohrmann; Wantzeck 2014, S. 106f.).

3.3.1 Jungen brauchen Männer

Zu den Chancen für Jungen äußert sich Tim Rohrmann in einem 2016 veröffentlichten Artikel der Zeitschrift „Frühe Kindheit". Rohrmann wirft zunächst einen Blick zurück auf die Entstehung der Mädchen und Jungenförderung, als zunächst Bildungsbenachteiligungen von Mädchen im Zuge des beginnenden Feminismus der 80er -Jahre im Vordergrund rückten. Der berühmte Satz der Mädchensozialisation lautete damals: Wir werden nicht als Mädchen geboren! Dieser Satz habe immer noch Gültigkeit für Mädchen in Anbetracht einer zunehmenden "Pinkifizierung" (Rohrmann 2016b, S.6). Geschlechtertypische Verhaltensweisen bei Jungen lassen sich jedoch kaum pädagogisch beeinflussen (vgl. ebd.). Jungen sind in der Regel schlechter sozialisiert, sie sind tendenziell unruhiger, stören mehr in der Gruppe und sind mehr an Action und Computerspielen interessiert als daran, ein Buch zu lesen. Man könnte daher annehmen, dass Jungen, anders als die Mädchen, von Natur aus so geprägt sind. Festzuhalten bleibt, dass Jungen ebenso wenig wie Mädchen biologisch gesteuert sind, sondern, dass geschlechtsbezogene Entwicklung ein Lernprozess ist. Rohrmann betont, dass die Mädchen mittlerweile die Jungen in vielen schulischen Fähigkeiten nicht nur eingeholt, sondern überholt haben seitdem die Rufe nach Abhilfe laut werden. Teilweise komme es aber auch zu einer Dramatisierung des Themas. Rohrmann beschäftigt sich mit der Frage, ob Jungen Männer brauchen, insbesondere weil die Ursache für das Scheitern der Jungenpädagogik im Ungleichgewicht der Fachkräfte liegt. Der Autor betont, dass sich in der nationalen Untersuchung zur Bildung, Betreuung und Erziehung in der frühen Kindheit (NUBBEK-Studie 2010) Hinweise darauf finden, dass Erzieherinnen zu Mädchen bessere Beziehungen aufbauen als zu Jungen, was vermutlich negative Auswirkungen auf die Bildungsaussichten von Jungen hat (vgl. ebd.). Ob dies im Umkehrschluss eine Verbesserung der Beziehungsqualität bedeutet, wenn es mehr Männer in der Einrichtung gäbe, lässt sich nicht nachweisen, auch wenn sich laut Rohrmann in der Dresdener Tandem-Studie und der Innsbrucker Wirkungsstudie "W-INN" Hinweise auf eine bessere Beziehungsqualität zwischen Männern und Jungen ergeben haben.

Rohrmann fasst zusammen, dass männliche Fachkräfte im Gegensatz zu den Frauen auch mal "riskante" Spiele zulassen, insofern lassen sich eventuell neue Impulse durch männliche Fachkräfte nachweisen. Es kann aber auch zur Verstärkung von geschlechtstypischen Mustern führen. Die Entwicklung einer geschlechterbewussten Pädagogik sei der Schlüssel zu einer Weiterentwicklung der pädagogischen Arbeit in Kitas (vgl. ebd.).

Jungen im Kindergarten haben laut Blank-Matthieu (2006) nur wenig männliche Identifikationsfiguren. Eine positive männlich geprägte Sozialisation kann möglicherweise nicht stattfinden, wenn frauenbestimmte Systeme, die auf Harmonie ausgerichtet sind, das verhindern. Eine reflektierte Auseinandersetzung mit der eigenen geschlechtsbezogenen Sozialisation sei die Voraussetzung für eine geschlechterbewusste Erziehungsarbeit. Blank-Mattieu hebt den negativen Einfluss von unbewussten und nicht reflektierten, verinnerlichten Geschlechterbildern auf die pädagogische Arbeit hervor, da diese sich benachteiligend auf die Jungen auswirken können. Feministisch eingestellte Erzieherinnen, die davon ausgehen, dass Mädchen grundsätzlich benachteiligt sind, tendieren überdies dazu, den Mädchen mehr Aufmerksamkeit als den Jungen zukommen lassen. Sie bemerken dabei aber nicht, dass sich die Jungen mit aggressivem Verhalten zum Weiblichen abgrenzen und mit Rückzug und Verweigerung reagieren (vgl. Blank-Matthieu 2006, S. 80).

Das männliche sei das "vergessene Geschlecht" (Hollstein 2012, S. 288). Hollstein beklagt eine einseitige Frauenförderung und deren Folgen für die Gesellschaft. Die modernen Jungen und Männer seien die Verlierer der Emanzipation sowohl auf dem Arbeitsmarkt als auch beim Thema Bildung. Hollstein geht soweit, eine generalisierte Entwertung des Männlichen zu diagnostizieren, und beschreibt diese als „Diabolisierung von Männlichkeit" (ebd.). Männer würden in Gleichstellungsprogrammen als Sündenböcke, aber nicht als gleichwertige Ansprechpartner wahrgenommen. Diskriminierung würde ausschließlich nur bei Frauen festgestellt, obwohl das Männliche mittlerweile zum Problemgeschlecht geworden sei. Er dokumentiert die zunehmende Gewalt bei Jungen und Männern und eine achtmal höhere Quote bei den Jungen mit psychischen und psychosomatischen Störungen, höhere Quoten beim Anteil von Jungen an Förderschulen, bei männlichen Klienten in der Erziehungsberatung, bei Alkohol- und Suchtproblemen, Depressionen und Suizid. Da die vaterlos aufwachsende Generation mit einem weiblichen Überangebot in Kita und Grundschule konfrontiert sei, entstehe ein Überangebot an weiblichen Werten. Es fehle den Jungen das Wissen darum, wie es sich konkret anfühlt ein Mann zu sein. Daraus würden das aggressive Verhalten und die Erziehungsresistenz von Jungen entstehen (vgl. ebd., S. 292).

3.3.2 Mädchen brauchen Männer ebenfalls

Es trifft zu, dass männliche Kinder und Jugendliche besonders schwer mit dem Verlust einer Vaterfigur zurechtkommen, und die Störungen haben in vielen Bereichen deutlich erkennbar zugenommen, betont Dammasch (2015). Die Bedeutung eines abwesenden Vaters, bzw. die Überdominanz weiblicher Vorbilder für die Entwicklung von Mädchen, werden jedoch in der analytischen Sozialisationstheorie zu wenig beachtet. Mädchen würden stärker zu Anpassungsleistungen neigen als Jungen. Sie hätten die Tendenz, Konflikte stärker zu internalisieren und ein sozial angepasstes Selbstbild zu entwickeln (vgl. Dammasch 2015, S. 152).

Die Belange von Mädchen bekommen wieder weniger Aufmerksamkeit, gibt auch Wyrobnik (2010) zu bedenken. Fraglich sei, ob Mädchen durch die überwiegend weibliche Betreuung automatisch eine bessere Berücksichtigung ihrer Bedürfnisse erfahren, oder ob sie sich in der Wahrnehmung der weiblichen Erzieher nur als weniger problematischer erweisen als die auffälligeren Jungen, da sie sich denjenigen anpassen, mit denen sie sich identifizieren können. Die Autorin hält fest, dass die individuellen Unterschiede der Kinder in den Blick genommen werden sollten, anstatt sie auf eine Geschlechterrolle festzulegen. Auch die geschlechterstereotypen Zuschreibungen sollten besser hinterfragt werden (vgl. Wyrobnik 2010, S. 111f.). Eine geschlechterbewusste Pädagogik ließe sich durch eine geschlechtersensible Auswahl bei Spielen, der Ausstattung von Räumen und Materialien, sowie durch einen wertschätzenden, gleichberechtigten Umgang erreichen. Dabei gehe es aber nicht darum, die Kindergartenräume noch mädchengerechter zu gestalten, da diese ohnehin durch die weibliche Prägung eher den Bedürfnissen von Mädchen entgegenkämen (vgl. ebd., S. 113ff). Da in den meisten Kindergärten eher ein Mangel an männlichen Mitarbeitern bestehe, sollten sich die Erzieherinnen ein geschlechtsflexibles Verhalten zulegen und sich ihrer eigenen Haltung bewusst werden. Der Blick auf das andere Geschlecht sei insbesondere für Mädchen nötig, und sie sollten auch ihre weiblichen Vorbilder in geschlechtsübergreifenden Tätigkeiten, wie z.B. beim Experimentieren oder in der Werkstatt, erleben können (vgl. ebd., S.123).

Mädchen wie auch Jungen brauchen männliche und weibliche Vorbilder. Auch Mädchen brauchen männliche Bezugspersonen, insbesondere diejenigen, die bei alleinerziehenden Müttern aufwachsen, oder deren Väter häufig abwesend sind: "Erzieher können Mädchen Trost spenden, ihnen Mut machen und eine emotionale Unterstützung und Beratung bieten." (Wyrobnik 2010, S. 123).

Wyrobnik wendet sich überdies gegen den Versuch einer "Umpolung" von Geschlechterrollen, wie in einigen pädagogischen Konzepten propagiert werde. Der Ansatz führe eher zu einer Verstärkung von tradierten Geschlechterrollen (vgl. ebd., S. 124). Stattdessen empfiehlt die Autorin neben einer weiteren Professionalisierung der ErzieherInnenausbildung und den Besuch von Weiterbildungen zur Genderthematik, die Verwendung von geschlechterrollenerweiternden Spielmaterials und Büchern. Sie empfiehlt ebenso mehr pädagogische Angebote, die Mädchen und Jungen gleichermaßen ansprechen, mehr männliche Elemente in der Kita und den Einbezug von Vätern und anderen männlichen Bezugspersonen. Ein gelassener Umgang mit entwicklungsbedingten geschlechtsstereotypen Spielen und Verhaltensweisen ist aber ebenso wichtig, da Kinder ein Recht auf eigenständige Entwicklung haben. Des Weiteren empfiehlt die Autorin auch auf internationale Konzepte zu schauen und die Beachtung einer Qualitätsverbesserung durch geschlechtersensible Pädagogik in Kitas (vgl. ebd., S. 125f.).

Aus psychoanalytischer Sicht lässt sich laut Dammasch (2015) festhalten, dass Mädchen wie Jungen die Anwesenheit liebevoll grenzsetzender Väter sowohl zuhause als auch in der Öffentlichkeit durch sogenannte "public fathers", für ihre geschlechtliche Entwicklung brauchen. Jungen suchen in ihnen die männliche Identität, besonders in Abgrenzung gegen ein Überangebot von Weiblichkeit. Mädchen brauchen eine positive Spiegelung ihres heterosexuellen Begehrens und die Anerkennung ihrer Weiblichkeit durch das andere Geschlecht für die Entwicklung einer Wertschätzung des eigenen Körpers (vgl. Dammasch 2015, S. 166).

Männer bilden laut Brock (2013) als Bezugspersonen eine wichtige Ressource für alle Kinder. Für Mädchen bieten sie sich als De-Identifikationsfigur an, um sich von der Mutter zu lösen und die eigene psychosexuelle Entwicklung voran zu bringen. Neben einer Kompensation fehlender häuslicher väterlicher Anwesenheit, bietet sich in der Kita durch die Anwesenheit von männlichen Pädagogen die Chance auf positive Erfahrungen mit dem fremden Geschlecht (Brock 2013, S.10). Unterschiede in der Behandlung von Jungen und Mädchen sind immer noch zu finden. So sei eine Besonderheit im Umgang mit Lob und Tadel, dass Mädchen für falsche Antworten getadelt werden und für gutes Benehmen und Folgsamkeit belohnt, Jungen jedoch für schlechtes Benehmen getadelt und für richtige Antworten gelobt, merkt die Autorin an. Dies führe dazu, dass Mädchen sich zurücknehmen und dazu neigen, sich zu unterschätzen. Auch durch das Erziehungsverhalten von Eltern werden Mädchen darin bestärkt, nicht aggressiv zu sein und sich zurückzunehmen, wogegen Jungen ermutigt werden, sich zu wehren und gefährliche Situationen zu meistern. Darüber hinaus würden Mädchen von weiblichen Fachkräften weniger beachtet, da sie weniger Konflikte mit ihnen haben (vgl. ebd.). Brock zeigt auf, dass Männern eine besondere Aufgabe bei der Entwicklung eines gesunden Selbstbewusstseins von Mädchen zukommt. Der sogenannte „Lolita-Effekt" bezeichne eine Reduzierung auf äußere (Schönheits-) Merkmale. Dies gelte es unbedingt zu vermeiden. Männer können Mädchen in besonderer Weise unterstützen, indem sie ihre Handlungen stärken und sie an ihren Tätigkeiten messen, nicht an ihrem Aussehen (vgl. ebd.).

3.4 Männer in geschlechtergemischten Teams

„Kinder brauchen Männer - Männer brauchen Kinder!" (Aigner; Poscheschnik 2015, S.11) lautet der einleitende Artikel der Autoren Aigner und Poscheschnik im gleichnamigen Herausgeberband. Sie untersuchen die psychoanalytischen, sozialpädagogischen und erziehungswissenschaftlichen Aspekte des Themas und konstatieren, dass die Tatsache, dass Kinder beide Elternteile brauchen, sich mittlerweile wohl herumgesprochen habe. In der heutigen Zeit, in der auch andere

Formen des Zusammenlebens zunehmen, gelte dies aber auch für beide Väter oder beide Mütter. Die Antworten auf die Frage, warum Männer gebraucht werden, sind unterschiedlich: Männer bilden die Hälfte der Bevölkerung, sollten also auch gleichermaßen in der institutionalisierten Erziehung repräsentiert sein, da die Kinder sonst den Eindruck bekommen, dass nur Frauen für ihre Entwicklung zuständig sind. Das führe dazu, dass sich die vorherrschende Auffassung zur Geschlechterteilung bezüglich erzieherischer und haushaltsbezogener Aufgaben verfestige. Bestimmte männliche Eigenschaften könnten jedoch relevant für die kindliche Entwicklung sein (vgl. Aigner; Poscheschnik 2015, S. 11).

Geschlechtergemischte Teams bzw. männliche Erzieher in der Kita sind sowohl von Eltern, Fachkräften, Trägern und auch politisch erwünscht, erläutert Rohrmann (2016). Männer werden dabei aus vielfältigen Gründen gebraucht: Wegen des Fachkräftemangels, als Ansprechpartner für Väter, für mehr Vielfältigkeit im Team, als männliche Vorbilder für die kindliche Entwicklung (vgl. Rohrmann 2016a, S.55ff.). Zwei Phänomene werden laut Rohrmann (2015) nach Praxisberichten zur Zusammenarbeit in geschlechtergemischten Teams deutlich: Das geschlechtstypische Verhalten kann sich verstärken, und bei den Frauen können durch nichterfüllte geschlechtstypische Erwartungen Enttäuschungen entstehen. Dazu gehört auch, dass männliche Fachkräfte sich nicht auf geschlechtertypische Merkmale wie handwerkliche Tätigkeiten, Sport und Toben festlegen lassen wollen (vgl. Rohrmann 2015, S. 45). Andererseits hat sich in internationalen Studien herauskristallisiert, dass Männer auch zu geschlechtstypischen Tätigkeiten in der pädagogischen Arbeit tendieren, um sich in dem weiblichen Umfeld zu behaupten (vgl. ebd.). Männern biete sich in der von Frauen dominierten frühpädagogischen Tätigkeit ein sehr ambivalentes Berufsfeld, welches mit Chancen und Risiken verbunden ist. Bessere Chancen auf einen Arbeitsplatz und eine wahrscheinlich hohe Arbeitszufriedenheit stehen die Belastungen durch geringe Bezahlung und schlechte Karriereaussichten gegenüber (vgl. ebd, S. 47).

Die Forderung "Mehr Männer in Kitas" ist Böhnisch (2015) zufolge zu einem wirksamen Slogan verkommen, und der Autor fragt sich, welche Männer denn damit überhaupt gemeint sind. Es bestehe zudem die Gefahr einer Verfestigung von Geschlechterdualismus - weibliche Erzieherinnen könnten sich beispielsweise fragen, ob ihre Arbeit nicht gut genug ist. Böhnisch betont, dass sich hinter der Forderung nach mehr Männern der unbewusste Wunsch nach einer Präsenz des "Anderen" verbirgt. Es gehe doch eigentlich um eine Qualitätsverbesserung in der Elementarpädagogik, und statt eine Auseinandersetzung darüber zu führen, welche besseren Erfahrungs- Lern-, und Beziehungsräume die Kita ihren Kindern anbieten könnte, drehe sich die Diskussion nur um das Thema „Erhöhung des Anteils männlicher Fachkräfte". Dies habe Auswirkungen auf die Praxis. Männer werden als „Exoten im Garten der Frauen" (Böhnisch 2015, S.125) geradezu in geschlechtsspezifische Rollen gezwungen, Frauen werden aber ebenfalls auf ihr "So-sein" reduziert (vgl. ebd.).

Auch in der österreichischen Studie "ele*men*tar" ließe sich eine Zunahme von geschlechtstypischen Verhaltensweisen in gemischten Teams nachweisen, so Rohrmann und Wantzeck. Im Alltag wurden die "typischen" Bereiche dem „passenden" Geschlecht zugewiesen. Das widerspricht dem klar definierten Bildungsauftrag, gerade diese Formen von geschlechtsstereotypen Verhalten zu vermeiden (vgl. Rohrmann; Wantzeck 2014, S. 109).

Mit der Frage, wie sich die Geschlechterdynamik in geschlechtergemischten Teams gestaltet, beschäftigte sich auch eine Forschergruppe des Projekts „Männer arbeiten in Kitas" (MAIK). Die Dokumentation der Fachtagung zu „Gender Perspektiven in der Kita" 2012 ist im Themenheft „Männer und Frauen in der Kita" der Fachzeitschrift TPS (2013) veröffentlicht worden. Es wurde deutlich, dass sich gleichgeschlechtliche und geschlechtergemischte Teams hauptsächlich in ihren Differenzierungsthemen voneinander unterscheiden. Das Generationenverhältnis, die jeweilige Fachlichkeit, der Umfang der Tätigkeit und unterschiedliche Lebensstile spielen zwar bei beiden Systemen eine Rolle, das Geschlechtliche bekomme aber im gemischten Team deutlich mehr Aufmerksamkeit als in homogenen Teams und trete mehr in den Vordergrund (vgl. Neubauer 2013, S.16). Das Geschlecht, als eine der wichtigsten sozialen Kategorien in unserer Gesellschaft, prägt die Wahrnehmungs- und Bewertungsprozesse in der Kita wie geschlechterbezogene Rollenzuschreibungen, Verhaltenserwartungen und Aufgabenverteilung. So werde auch häufig unterschieden, ob ein Mann oder eine Frau etwas sagt oder macht. Was der Einen ohne weiteres zugetraut werde, erstaune bei dem Anderen (vgl. ebd.). Mit der Hinzunahme von Männern werden spezielle Erwartungen, Wünsche und Hypothesen in Bezug darauf, was diese als Männer beitragen können oder sollen, verknüpft. Gewünscht werde in der Regel, dass sie „das Männliche" repräsentieren sollen. Einengungen auf die Geschlechterrolle sind aber nicht wünschenswert und sollten nicht bedient werden. Neubauer beschreibt drei idealtypische Phasen in der Entstehung eines geschlechtergemischten Teams. In der Latenzphase geht der Blick eher auf die positiven Aspekte, eine kritische Betrachtung erfolgt eher nicht. Dadurch bleiben geschlechterspezifische

Differenzen eher verdeckt. Erst in der Differenzierungsphase kommt es zu Auseinandersetzungen mit dem anderen Geschlecht. Es kann zu Solidarisierungen mit dem eigenen Geschlecht kommen bis hin zu Polarisierungen und Wiedererstarken von stereotypen Ansichten. Diese Phase ist geprägt von der Unterschiedlichkeit zwischen Männern und Frauen. Erst in der Integrationsphase entwickelt sich eine Perspektive der Vielfalt und Individualität. In dieser Phase wird sich das Team über die vielfältige Nutzbarkeit klar, die mit der Anwesenheit von Männern einhergehen. Die nachstehende Tabelle verdeutlicht, dass statt bisher drei geschlechterpädagogischen Situationen dreimal so viele Möglichkeiten entstehen (vgl. ebd., S. 18).

Koedukation	gemischte Gruppe / gemischte Leitung gemischte Gruppe / männliche Leitung gemischte Gruppe / weibliche Leitung
Jungenarbeit	Jungengruppe / männl. Erzieher leitet Jungengruppe / gem. Leitung
Mädchenarbeit	Mädchengruppe / Erzieherin leitet Mädchengruppe / gem. Leitung
Crossover-Situation	Jungengruppe / Erzieherin Mädchengruppe / männl. Erzieher

Beim Thema "professioneller Umgang mit Nähe und Distanz" werden erhebliche Unterschiede zwischen den Geschlechtern deutlich, erläutern Rohrmann und Wantzeck (2014). Gelte es als Zeichen einer guten Erzieher-Kind-Beziehung, wenn Erzieherinnen Kinder, die Nähe zu ihnen suchen, auf den Schoß nehmen, sie berühren und mit ihnen kuscheln, so könne das gleiche Verhalten von einem männlichen Erzieher zu Missverständnissen führen, wogegen wildes Toben und Raufen mit Jungen eher akzeptiert oder sogar erwartet werden. Die Autoren führen weiter aus, dass es in Deutschland einschränkende Regelungen für männliche Beschäftigte, wie zum Beispiel ein Wickelverbot oder eine grundsätzliche "no-touch"-Regel, gebe. Das führe zu Verunsicherungen bei den männlichen Pädagogen, denn im Kita–Alltag gibt es immer mal wieder Situationen, die mit dem Wunsch der Kinder nach körperlicher Nähe einhergehen. Eine vertrauensvolle und vorurteilsfreie Kommunikationsstruktur im Team sei nötig, die ermöglicht, dass auch tabuisierte Themen besprochen werden können (vgl. Rohrmann; Wantzeck 2014, S. 117).

3.5 Männer in der Elternarbeit

Das dritte Kapitel endet mit dem Thema „Eltern" in der Kita bzw. Elternarbeit. Die Anwesenheit von Männern in Kitas, dazu gehören auch andere männliche Personen inner- und außerhalb von Familien, hat einen bedeutsamen Einfluss auf die kindliche Entwicklung.

Dass die Anwesenheit von Männern in der Kita eher die Ausnahme ist, ist hinreichend bekannt. Männliche Fachkräfte und Väter sind in der Lebenswelt Kita eher selten anzutreffen. Gerade dieser Mangel sollte jedoch zu dem Auftrag führen, mehr Väter in die Elternarbeit einzubinden, um eine umfangreichere Sozialisation der Kinder zu ermöglichen. Insbesondere die Väter haben bei der Identitätsfindung, der kognitiven und sozialen Entwicklung eine wichtige Funktion (vgl. Reyhing 2016, S. 46). In diesem Zusammenhang stellt sich, analog zu der Aussage „Jungen brauchen Männer", die Frage, ob auch Väter männliche Ansprechpartner in Kitas brauchen. Dazu erläutert Rohrmann (2016), dass die Anwesenheit männlicher Fachkräfte eine gute Möglichkeit darstellt, dem Mangel an Präsenz von Vätern im Kindergarten zu begegnen und diese besser in die Elternarbeit einzubinden. Beide Seiten, sowohl männliche Erzieher als auch Väter, seien froh über die Möglichkeit eines gleichgeschlechtlichen Austausches, denn die Väter fühlen sich in einer Umgebung wohler, die offensichtlich männerfreundlich ist. Dies belegen Studien aus Deutschland, Österreich und Neuseeland (vgl. Rohrmann 2016c, S.11). Der Autor führt weiter aus, dass Mütter ebenfalls von einer gegengeschlechtlichen Person profitieren. Auch von Vätern mit Migrationshintergrund wird die Anwesenheit von männlichen Pädagogen geschätzt. Diese seien ihnen gegenüber deutlich zugänglicher als zu den Kolleginnen, so der Autor. Er betont jedoch, dass es große Unterschiede bei Familien mit Migrationshintergrund gebe und „neue Väter" auch in anderen Kulturen zu finden seien. Die Aufgabenverteilung in der Erziehung sei jedoch in vielen Kulturen deutlicher zwischen Männer und Frauen getrennt und ein gegengeschlechtliches Gespräch in diesem Milieu eher ungewohnt (vgl. ebd.).

Abschließend lässt sich zum Thema Männer und Elternarbeit zusammenfassen, dass es zu begrüßen ist, wenn öffentliche, soziale Väter, d.h. die sogenannten „public fathers" und andere Männer aus der Familie, wie der neue Partner, Großväter, Onkel, etc. in die Erziehungsarbeit einbezogen werden, so Rohrmann. Männliche Mitarbeiter vermitteln überdies den Eindruck, dass Männer und Frauen gleichermaßen in der KiTa willkommen sind. Sie bieten sich nicht nur als Ansprechpartner für ein gleichgeschlechtliches Elterngespräch, sondern auch für ein gemischtes Doppelgespräch mit beiden Eltern als Beispiel für eine authentische Elternpartnerschaft an. Ebenso eignen sie sich in besonderer Weise für die Gespräche mit Trennungsvätern und Vätern mit Migrationshintergrund. Darüber hinaus fungieren sie als Vorbilder für neue berufliche Orientierungsmöglichkeiten von Männern und können spezielle Väterangebote konzipieren und begleiten. Dies bedeute eine große Chance für mehr Vielfalt in der Elternarbeit (vgl. ebd., S.13).

„Brauchen wir eine Männerquote in Kitas und Schulen?" So lautet der Untertitel des Herausgeberbandes „Jungen als Bildungsverlierer" von Hurrelmann und Schultz (2012). Aufgrund des nachlassenden Bildungsniveaus von Jungen, wird hier wissenschaftlich kontrovers über den Männeranteil in Kitas diskutiert. Der als Streitschrift gedachte Band basiert auf der Frage, ob sich die Dominanz der Frauen negativ auf die Entwicklung von Jungen auswirkt. Es gehe darum, zu klären, ob es generell nicht gut ist, wenn Kinder überwiegend von Frauen erzogen werden oder ob die Forderung nach mehr Männern nicht auch Gefahren birgt. Die Stärkung von Genderkompetenz in Kitas wird aber übereinstimmend gefordert (vgl. Hurrelmann; Schultz 2012, S. 15f).

4 Diskurs: Argumente für und gegen eine Männerquote – Warum mehr Männer in der Kita?

Nach Ansicht von Rohrmann (2012) steht es außer Frage, dass Männer in pädagogischen Berufen eingesetzt werden sollten. Bei der Frage nach einer Männerquote in Kitas gibt er jedoch zu bedenken, dass es derzeit keinen realistischen Ansatzpunkt dafür gebe (vgl. Rohrmann 2012b, S. 250ff.). Schließlich könne auch eine Forderung nach mehr Männern nicht ändern, dass es nur wenig ausgebildete männliche Fachkräfte gibt. Rohrmann hält fest: „Wo keine Männer sind, da hilft auch keine Quote". (Ebd., S. 250). Eine Quote für die Ausbildung wäre möglicherweise aber sinnvoll, da die Zugangsvoraussetzungen von männlichen Bewerbern schlechter sind als die der weiblichen. Das liege wahrscheinlich daran, dass sich männliche Bewerber mit besseren Abschlüssen eher für die typisch männlichen Ausbildungen und Studiengänge entscheiden, die eine bessere Bezahlung und potentiell mehr Aufstiegschancen bieten als der soziale Bereich (vgl. ebd., S. 256).

Im gleichen Herausgeberband findet sich ein Diskussionsbeitrag von Holger Brandes, Mitautor der „Tandem-Studie". Brandes verweist darauf, dass es schwer ist, einen Einfluss des Geschlechts der Bezugspersonen auf die Entwicklung von Kindern nachzuweisen (vgl. Brandes 2012, S. 260ff.). In dem Zusammenhang sei es wichtig festzuhalten, dass Männer und Frauen keine homogenen Gruppen sind, sondern individuell unterschiedlich. Die Frage nach einer Männerquote beantwortet der Autor, ebenso wie Rohrmann, mit dem Hinweis auf die fehlenden dementsprechenden Fachkräfte. Er hebt zusätzlich hervor, dass die Quote weder etwas am schlechten Image des „typischen Frauenberufs" und der damit verbundenen Abwertung, noch an den Rahmenbedingungen, der schlechten Entlohnung oder an den fehlenden Aufstiegschancen im Berufsfeld ändern würde (vgl. ebd., S. 270).

Zu den sozialwissenschaftlichen Diskursen über Geschlechtersegregation gehört auch die Untersuchung von Männlichkeit in Beruf und Ausbildung.

In der modernen Arbeitswelt liege selbst den nicht geschlechtsgemischten Berufen eine Genderthematik zugrunde, da die geschlechtliche Arbeitsteilung auf der Geschlechterkonstruktion basiert, erklärt Schaffer (2013). Dies gelte jedoch umso mehr für Berufe, die von Männern oder Frauen „unterwandert" werden, also Frauenberufe in denen der Männeranteil ansteigt und umgekehrt. In vielen gemischtgeschlechtlichen Berufsfeldern konnte eine geschlechtliche (Re-) Typisierung der Arbeit nachgewiesen werden. Darunter fallen die Berufsfelder Flugbegleitung, Gastronomie, IT- und Gesundheitsberufe. Schaffer belegt, dass Männer, die in gegengeschlechtlichen Berufen oder in von Frauen infiltrierten Berufen arbeiten, wie zum Beispiel beim Militär, mehr als Frauen dazu neigen, geschlechtliche Differenzen zu betonen, um ein Unmännlichkeits-Stigma abzuwenden. Dieses Verhalten trage aber mit dazu bei, die alten Männlichkeitsstrukturen als System aufrechtzuerhalten (vgl. Schaffer 2013, S. 29f.).

Mit der Studie „Männer in Kindertageseinrichtungen" (Breitenbach u.a. 2015) wurde der Zusammenhang zwischen Geschlecht und Professionalität, im Rahmen eines Forschungsprojekts zu fördernden und hinderlichen Einflüssen bei der Entwicklung eines bildungsoffenen, reflektierten und professionellen Handelns, untersucht. Anhand von persönlicher Bildung, beruflicher Entwicklung und pädagogischen Orientierungen bei ErzieherInnen wurden insbesondere die männlichen Fachkräfte in den Blick genommen. Die Autorinnen ermittelten, dass sich in der aktuellen Diskussion Anhaltspunkte dafür finden, dass Männlichkeit höher bewertet wird (vgl. Breitenbach u.a. 2015, S. 13). Es wurde der Befund erhoben, dass männliche Pädagogen die positiven äußeren Zuschreibungen, die sie für ihre bloße Anwesenheit in der Kita bekommen, als Privilegierung empfinden (vgl. Breitenbach; Bürmann 2014, S. 51). Als Folge davon können sie die Notwendigkeit von Entwicklung und Reflektion des eigenen pädagogischen Handelns nicht erkennen, da sie sich als besonders qualifiziert erleben. Im Gegensatz dazu sehen sich Frauen, die in männlich konnotierten Berufen tätig werden, in der Regel mit dem Vorwurf von zu geringer Weiblichkeit oder fehlender Kompetenz konfrontiert (vgl. ebd., S. 64). Es fanden sich drei hinderliche Faktoren für eine Entwicklung professionellen Handelns von Männern in der Kita:

1. Eine gesteigerte Reflexivität, die Voraussetzung für Professionalität ist, wird oftmals durch fehlendes Abstraktionsvermögen und Ungeübtheit im Umgang mit Begriffen verhindert. Dadurch werde die Fähigkeit, Erfahrungswissen mit Theorie zu verbinden, erschwert.

2. Das sogenannte „Erlösungsphänomen" beschreibt, dass die eigene Bedürfnislage des Erziehenden nach Zuwendung und Anerkennung, einer Entwicklung der Kinder entgegenwirkt. Dadurch erschwert sich auch der Zugang zu Spannungsfeldern wie „Nähe und Distanz", „Wissensvorsprung" und „Unterstützen und Gegenwirken".

3. Die Überschätzung von männlichen Erziehern durch Einrichtungen und deren Akteure verhindern die Einsicht in die Notwendigkeit von Entwicklung der eige-

nen Professionalität (vgl. Breitenbach et al. 2015, S. 162). Fazit der Studie ist, dass der „Männerbonus" erst einmal wegfallen müsste und Männer nicht mehr als das explizit „Andere" wahrgenommen werden sollten. Um ein hohes Entwicklungspotenzial in Kitas zu erreichen, müssten die Fachkräfte zunächst einmal lernen, pädagogische Orientierungen und Geschlecht voneinander zu trennen, und zu einer gemeinsamen, gleichberechtigten Arbeitsteilung finden. Nur dann ließen sich hierarchische Strukturen und komplementäre Geschlechterdifferenzen auflösen. Der Zuwachs von Männern bedeutet keinesfalls eine automatische Qualitätsverbesserung, aber die Komplexität der Anforderungen in der Kita steigt dadurch an, und die Vielfalt im Berufsfeld erhöht sich. Problembereiche, die dadurch entstehen, müssen jedoch gefunden, reflektiert und bearbeitet werden (vgl. ebd.).

Im aktuellen Diskurs lässt sich auch die Frage klären, wie es eigentlich dazu gekommen ist, dass die Elementarpädagogik heutzutage nicht mehr reine Frauensache ist. Das Elternbild in der Gesellschaft hat sich verändert, stellt Brandes fest. Es gebe eine zunehmende Berufstätigkeit von Frauen, dadurch seien Väter nicht mehr die alleinigen Ernährer der Familie. Auch der Blick auf die Jungen in einer überbetont weiblichen Betreuung, bei gleichzeitiger Zunahme der Zahl alleinerziehender Mütter, führe zu einem Wandel bei dem Vorurteil, Frauen seien allein aufgrund ihrer Weiblichkeit für die Erziehung besser geeignet (vgl. Brandes 2012, S. 262f.). Wenn Erziehung also nicht mehr reine Frauensache zu sein scheint, sollte sich auch in der professionellen außerhäuslichen Betreuung von kleinen Kindern ein ausgewogenes Verhältnis der Geschlechter wiederfinden, fordert Brandes (vgl. ebd., S. 269). Die „Tandem–Studie" konnte die Annahme belegen, dass Männer in der professionellen Kindertagesbetreuung die kindliche Entwicklung anders fördern als Frauen. So zeigen sich geschlechtsspezifische Unterschiede bei der Beschäftigung mit Mädchen und Jungen. Es gibt verschiedene Herangehensweisen, um die Interessen und Vorlieben der Kinder aufzugreifen. Auch hinsichtlich der Materialauswahl und der daraus entstandenen Produkte unterscheiden sich männliche und weibliche Fachkräfte voneinander. Ferner gehen beide Gruppen zwar übereinstimmend mit Jungen anders um als mit Mädchen, die Tendenz zu einer unterschiedlichen Behandlung ist aber bei weiblichen Fachkräften auffälliger (vgl. Brandes u.a. 2015, S. 31).

2013 beschäftigt sich eine Expertise der Weiterbildungsinitiative Frühpädagogische Fachkräfte (WiFF) mit männlichen Fachkräften und Vätern in Kitas. Dabei zeigen die Autorinnen Rose und Stibane eine Diskursanalyse der Fach- und Mediendebatte zum Thema auf. Dabei werden die drei Argumentationsfiguren „Sozialisationsgewinne für Kinder", „Gleichstellung der Geschlechter" und „Sicherung des Fachkräftebedarfs" kritisch beleuchtet und analysiert. Als Kritikpunkte des Ansatzes „Sozialisationsgewinne" werden fehlende empirische Belege, das Übersehen der Präsenz von Männern in der Kinderwelt, eine Idealisierung des Mannes und die Fokussierung auf die Jungen genannt (vgl. Rose; Stibane 2013, S.7ff.). Das Neue an der Argumentationsfigur „Gleichberechtigung" ist, dass erstmals gefordert wird, Männern, als konsequente Umsetzung von Gender Mainstreaming, Zugang zu bisher überwiegend weiblichen Terrains zu gewähren (vgl. ebd., S.11). Die Hypothese, in der Gesellschaft gebe es Benachteiligungen für Jungen, wird u.a. mit einer Aussage der ehemaligen Familienministerium Schröder aus dem Jahr 2010 belegt, die besagt, dass weibliche Dominanz in Kindergärten der Grund für das schlechte Abschneiden von Jungen bei den Vergleichsstudien sei (vgl. ebd., S. 12). Die dritte Argumentationsfigur „Fachkräftemangel" wird auch im Zusammenhang mit fehlenden Pflegekräfte benutzt und ist, im Unterschied zu den beiden anderen Argumenten, geschlechtsneutral. Männer sollen als ungenutzte Personalressource als Fachkräfte für die Kita angeworben werden. Die Autorinnen heben die Verbindung von Förderung männlicher Fachkräfte mit einer Benachteiligtenförderung als Besonderheit in dieser Argumentation hervor. Weil durch diesen Ansatz gleichzeitig die schlechten Vermittlungsperspektiven für junge arbeitssuchende Männer in den Blick genommen werden, könne eine spezielle Männerförderung, wie z.B. Umschulungsprogramme, ähnlich wirken wie Frauenförderung im Bereich Mathematik, Informatik und Naturwissenschaften (MINT). Dies habe aber problematische Auswirkungen auf die Berufspolitik. Wenn das Arbeitsfeld Kita zu einem Sammelbecken für schwer vermittelbare Männer werde, festige sich das Bild von Anspruchslosigkeit und Minderwertigkeit des Berufs ErzieherIn (vgl. ebd., S.14). Rose und Stibane erklären, dass im aktuellen Diskurs Männer in Kitas als ergänzend und bereichernd für die Frauen dargestellt werden. Dies impliziert und festigt jedoch das „So-sein" des Mannes und wirkt in der Mediendarstellung oft polarisierend und vereinfachend, so die Autorinnen. Das hat zur Folge, dass Männer explizit für männliche Tätigkeiten herangezogen werden, und führt zu der Annahme, dass Frauen in der Kita das männliche Prinzip nicht so gut verkörpern können. Ebenso wie einen Ruf nach mehr Männern könnten sich die Autorinnen einen Ruf nach Frauen mit untypischen Eigenschaften vorstellen, um Kitas zu bereichern und dem Fachkräftemangel entgegenzuwirken (vgl. ebd., S. 18).

Eine Befürworterin der Männerquote ist die Autorin Katja Irle. In ihrem Beitrag zur Quotendiskussion entkräftet sie den genannten Einwand, dass eine Männerquote aufgrund des Mangels an männlichen Pädagogen nicht sinnvoll sei. Diese Tatsache spräche nicht zwingend gegen eine Quote. Sie fordert eine Zielquote als flankierende Maßnahme, indem Kitas und Grundschulen zum Beispiel in der Bewerbung darauf hinweisen, dass sie den Männeranteil erhöhen möchten. Sie verweist dabei auf erfolgreiche norwegische Strategien, mit deren Hilfe es gelungen sei, den Männeranteil massiv zu erhöhen. Auch die Gefahr, dass die Kompetenz der weiblichen Fachkräfte durch die Anwesenheit von Männern in Kitas bezweifelt wird, verneint Irle. Sie erklärt sodann, dass für eine geschlechtergerechte Pädagogik mehr als nur ein (typischer) Mann in der Kita nötig ist, da die Kinder verschiedene Modelle von Männlichkeit kennenlernen sollen (vgl. ebd., S. 21ff).

Der oben beschriebene Diskurs kann nur einen kleinen Ausschnitt der aktuellen Diskussion aufzeigen. Die ausgewählten Beiträge beschäftigen sich, neben der Quotenfrage, mit dem Grundthema, ob Männer in Kitas wirklich dringend gebraucht werden, wenn Ja, aus welchen Gründen und welche Argumentationslinien dabei verfolgt werden. Dabei erweist sich, dass die Einführung einer Männerquote in Kitas zumindest umstritten ist. In der aktuellen Diskussion finden sich eine Reihe von weiteren Argumenten für oder gegen eine Quote. Diese alle abzubilden, würde den Rahmen der vorliegenden Arbeit sprengen. Die Diskussion, ob mehr Männer in der Kita sein sollen, wird ebenfalls kontrovers geführt. Dies scheint jedoch die grundlegende Frage zu sein, die es vor der Entscheidung für oder gegen die Einführung einer Quote zu klären gilt (vgl. Hurrelmann; Schultz 2012, S.15).

In Bezug auf die These, dass die Anwesenheit beider Geschlechtervorbilder in der Kita für die Entwicklung von allen Kindern wichtig ist, zeichnet sich ein Konsens ab. Die Überlegung, dass eine geschlechterbewusste Pädagogik im Berufsfeld der Frühpädagogik gestärkt werden sollte, damit es nicht zu ungewollten Effekten durch die Anwesenheit von männlichen Fachkräften in der Kita kommt, scheint ebenfalls unstrittig zu sein.

Im Folgenden werden nun die Strategien zur Gewinnung und zum Erhalt von männlichen Fachkräfte, bzw. zur Erhöhung ihres Anteils für den Elementarbereich, aufgezeigt. Hierbei geht der Blick „über den Tellerrand" hinaus, um auch internationale „Best-Practice" - Beispiele aufzuzeigen.

5 Strategien zur Gewinnung und Erhalt männlicher Fachkräfte in der Kita

Welche Strategien bereits nennenswerte Erfolge im Bereich der gezielten Anwerbung von Männern erzielen konnten, zeigen Cremers und Krabel, Projektkoordinatoren des Modellprogramms „Mehr Männer in Kitas" (2010) auf. In Anbetracht des geringen Budgets sei das Modellprogramm, auch im internationalen Vergleich, erfolgreich. Im Gegensatz zu den Ländern England, Schottland und Dänemark sei es ihnen gelungen, das Thema Gender in den Grundstrukturen der frühen Pädagogik zu etablieren. Die Professionalisierung sei in Schottland und England vernachlässigt worden, da dort hauptsächlich geringer qualifizierte Männer für die Arbeit in Kitas angeworben wurden (vgl. Cremers; Krabel 2013, S.20f.). Im Gegensatz dazu verfolgen norwegische und deutsche Kampagnen die Strategie, an drei Handlungsfeldern anzusetzen: Genderthematik, Professionalisierung und Qualitätsverbesserung der Organisations- und Personalentwicklung (vgl. ebd.). Die Autoren beschreiben, dass die norwegischen und dänischen Ansätze der deutschen Initiative als Vorbilder dienten. Die dortigen 1996 gestarteten Maßnahmen zielen auf eine Erhöhung des Anteils von männlichen Fachkräften im gesamten Elementarbereich einschließlich Grundschule auf 20% ab. Ein Schwerpunkt liegt dabei in der Verankerung einer geschlechterbewussten Pädagogik in den Konzepten der Kitas. Insbesondere die in allen Kitas verteilten „Gender-Loops" (2006), ein Praxisbuch für eine geschlechterbewusste Pädagogik in der Kita, welches auch in deutschsprachiger Ausgabe vorliegt, tragen maßgeblich zum Erfolg der norwegischen Kampagne bei (vgl. ebd., S.21f.).

In der aktuellen Diskussion geht es neben Gleichstellung und Geschlechtergerechtigkeit auch um die Erweiterung von Berufsperspektiven von Jungen und Männern, legt Rohrmann (2011) dar, und gibt einen Überblick über Forschungsprojekte im In-und Ausland. Er benennt einleitend die Koordinationsstelle Männer in Kitas und die beiden Modellprojekte „Mehr Männer in Kitas" in Deutschland und „elementar- Männer in der pädagogischen Arbeit mit Kindern" in Österreich als bereits umgesetzte Strategien zur Erhöhung des Männeranteils im deutschsprachigen Raum. Mehrere kleine Projekte wurden seither in Deutschland im Rahmen der Offensive auf den Weg gebracht: „Neue Wege für Jungs", ein Netzwerk für die Vermittlung von Jungen in soziale, pflegerische und erzieherische Berufe, „soziale Jungs – multikulti", ein einjähriger Freiwilligendienst mit Zertifikat verbunden sowie das hessische Projekt „www.große-zukunft-erzieher.de", durch die gezielt Jungen für den Erzieherberuf angeworben werden sollen (vgl. Rohrmann 2011,

S.1f.). Rohrmann erwähnt in diesem Zusammenhang zwei internationale Tagungen, die im Jahr 2010 stattfanden, und deren Forschungsergebnisse u.a. aus Neuseeland, der Türkei und Griechenland auf der Website der Koordinationsstelle als Download zur Verfügung stehen. Der Autor verweist insbesondere auf das staatliche Förderprogramm der Volksrepublik China aus dem Jahre 2010, welches das bestehende Ungleichgewicht der Geschlechter im Personal der KiTas, durch eine gezielte Anwerbung von Männern verbessern soll. In einem Beispiel wurden die vollständigen Kosten für die fünfjährige Ausbildung übernommen (vgl. Rohrmann 2011, S. 2). In Belgien und den USA wurde eine Untersuchung zur Genderthematik in Lehrbüchern für Elementarpädagogik durchgeführt. Bei der Analyse der Inhalte ergaben sich Hinweise auf eine sexistische Prägung. Mädchen und Jungen, Frauen und Männer werden darin meist stereotyp dargestellt. Lehrbücher tragen damit zu dem Bild von der „mütterlich-versorgenden Frau" und dem „potenziell bedrohlichen Mann" bei (vgl. ebd., S.3).

Das Themenheft „Männer im Kindergarten" des norwegischen Kultusministeriums „Temahefte om menn i barnehagen" wurde im Rahmen des österreichischen Forschungsprojekts „elementar" auch ins Deutsche übersetzt und 2008 herausgegeben. Die Autorin Friis erklärt darin zum Thema männliche Fachkräfte für die Kita, „wie man sie anwirbt - und dafür sorgt, dass sie auch bleiben". (Friis 2008, S. 1). Im Unterschied zu ErzieherInnen in Deutschland haben die „førskolelærer" (Vorschullehrer) eine dreijährige Hochschulausbildung. Die VorschullehrerInnen werden von „AssistentInnen" unterstützt, die keine formale Qualifikation haben müssen (vgl. Friis 2008, S.5). Im norwegischen „Handlungsplan für Gleichstellung" wurde das Ziel definiert, den Männeranteil in Kindergärten bis 2007 von 9% auf 20% zu erhöhen. Es gehe darum, sich darüber bewusst zu werden, wieso sich Männer nicht für den Beruf entscheiden möchten. Friis führt dies darauf zurück, dass Kindergärten zu sehr von einer weiblichen Kultur geprägt sind. Bedacht werden sollte, dass die Anstellung von Männern auch zu einer unbewussten geschlechterspezifischen Arbeitsteilung führen kann. Das Themenheft dient der Auseinandersetzung mit der Gleichstellung in der pädagogischen Arbeit und bietet eine Hilfestellung mit konkreten Handlungsempfehlungen (vgl. ebd., S.7ff.). Inzwischen sei das Ziel in mehr als 10% der norwegischen Kindergärten erreicht, so Rohrmann (2011). Das liege auch daran, dass der Männeranteil zu einem Qualitätsstandard für norwegische Kindergärten gemacht wurde. Männerarbeitskreise und weitere flankierende Maßnahmen wurden im „Action Plan for Gender Equity in Kindergarten and Basic Education 2008-2010" staatlicherseits etabliert.

So sollen Männer in Stellenausschreibungen ausdrücklich angesprochen und bei der Stellenvergabe bevorzugt berücksichtigt werden. Weiterbildungen von männlichen Beschäftigten werden besonders gefördert, Schüler und Studenten sollen gezielt für Praktika im Kindergarten angesprochen werden (vgl. Rohrmann 2011, S.6).

Eine weitere Strategie ist die Qualifizierung von Quereinsteigern. Wie Rohrmann betont, gehe es dabei natürlich auch um das Thema Ausbildungsqualität. Das schottische Projekt „Men in Childcare" habe zum Beispiel inzwischen mehr als 1300 Männer für die Kinderbetreuung ausgebildet. Dabei wurde ein „Fast track access" (schnellerer Zugang) angeboten. Das Angebot richtet sich ausschließlich an Männer. Ein deutsches Modell für Quereinsteiger wurde u.a. vom Berliner Institut für Frühpädagogik (IFP) entwickelt. Hier sollen arbeitslose Männer zu Fachkräften für die Frühpädagogik ausgebildet werden. Rohrmann betont, dass es sich bei den genannten Maßnahmen nicht um „Schmalspurprogramme" handelt, sondern „um erwachsenengerechte Weiterbildungen auf hohem Qualitätsniveau". (Rohrmann 2011, S. 4).

Das Kölner Caritas-Projekt „Männer arbeiten in Kitas" (MAIK) fand 2011-2013 als Teil der Bundesinitiative „Männer in Kitas" statt. Hier lag der Fokus auf der Nachwuchsgewinnung durch eine Kooperation mit den Trägern und den beteiligten Kitas und Experten. Die drei Handlungsfelder des Projekts waren

- „Wege in den Beruf"

  mit Werbekampagnen, Boy´s Days, Freiwilligendienste, Quereinstiege und Weiterbildungen im Bereich gendersensibles Lernen.

- „System Kita"

  mit Fachtagungen, geschlechtergerechte Personalpolitik, Gender-Fortbildungen, Entwicklung von Kinderschutz- und Rahmenkonzepten für geschlechterbewusste Pädagogik.

- „Politik"

  mit regionaler und überregionaler Kommunikation mit genderpolitischen Gremien, Projektbeirat, Leitlinien für Gender Mainstreaming in der Kita und die Erstellung von Positionspapieren (vgl. Diözesan-Caritasverband 2018).

Das Modellprojekt „Quereinstieg – Männer und Frauen in Kitas", ein weiteres Programm des Bundesfamilienministeriums, richtet sich an Männer **und** Frauen mit berufsfremden Hintergrund, die in den Beruf ErzieherIn wechseln möchten. Dabei spielt die duale Ausbildung eine große Rolle. Sie ermöglicht den „Quereinsteigern" mit den entsprechenden Zugangsvoraussetzungen, mittlerer Schulabschluss und eine abgeschlossene fachfremde Ausbildung oder gleichwertige Qualifikation, innerhalb von drei Jahren einen Abschluss als pädagogische Fachkraft zu erlangen und dabei von Beginn an eine Ausbildungsvergütung zu erhalten. Dafür stehen Mittel aus dem europäischen Sozialfond ESF in Höhe von 33,8 Mio. Euro zur Verfügung. Das Bundesprogramm endet mit dem Schuljahr 2020, was bedeutet, dass nach dem Schuljahr 2017/18 keine neuen Ausbildungsgänge mehr gestartet werden (vgl. Koordinationsstelle Chance-Quereinstieg 2017b). In der aktuellen Ausgabe des Newsletters (2017) der Koordinationsstelle „Männer in Kitas" findet sich dazu ein Interview mit der Leiterin des Referats „Gleichstellungspolitik von Jungen und Mädchen" des Bundesministeriums für Familien, Senioren, Frauen und Jugend (BMFSFJ) Greszczuk. Befragt zu den dualen, vergüteten Ausbildungsgängen für ErzieherInnen, stellt Greszczuk klar, dass Ausbildungen, die nicht vergütet sind, in klassische „Frauenberufe" münden. Sie befürwortet die Vergütung der Ausbildung, da die bestehende Ungleichheit dazu führe, dass Männer vergütete Ausbildungsgänge bevorzugen. Dadurch habe die Vergütung von Ausbildung eine Geschlechterdimension, die so nicht gewollt ist. Die Geschlechtersegregation sollte eher abgebaut werden. Duale Ausbildungsgänge für ErzieherInnen gebe es bereits als Projekte in Bayern (OptiPrax), in Baden-Württemberg und Nordrhein-Westfalen (PiA) und in Berlin (IFP) (vgl. Koordinationsstelle Chance-Quereinstieg 2017a).

Im selben Newsletter äußert sich Pia Schnadt, Leiterin der Personalentwicklung und Fortbildung bei der „Fröbel gGmbH", im Interview zu dem Spannungsfeld in der dualen Ausbildung, welches aus dem Anspruch entstehe, einerseits eine qualitativ hochwertige Ausbildung anzubieten, dabei aber dennoch eine hohe Qualität in der pädagogischen Arbeit zu garantieren. Schnadt führt aus, dass fachfremde Quereinsteiger oft zu 100% auf den Personalschlüssel angerechnet werden, obwohl sie keine vorherigen Praxiserfahrungen mitbringen. Nur bei den o.g. Modellen „PiA" und „Optirax" erfolgt die Anrechnung zu 50% erst ab dem zweiten Ausbildungsjahr. Schwierigkeiten entstehen durch fehlende Regelungen für eine Umsetzung in die Praxis. Es fehlen noch qualifizierte PraxisanleiterInnen und einheitlich geregelte Rahmenbedingungen für die Ausbildung (vgl. ebd.).

Das Bundesprogramm „Lernort Praxis" wurde von 2013-2016 in den norddeutschen Bundesländern durchgeführt. Dafür standen in der Pilotphase für die 76

Projekte 8 Millionen Euro zur Verfügung. Ziel war es, die Praxisanleitungen vor Ort zu stärken. Angestrebt war eine bessere Zusammenarbeit zwischen Ausbildungs-und Lernort, um die Qualität der Einrichtungen zu verbessern. Ein weiteres Ziel war es, im Hinblick auf fehlende Fachkräfte, insbesondere Auszubildende mit Migrationshintergrund und Männer für den Ausbildungsplatz Kita zu gewinnen. Die PraxisanleiterInnen sollten auf die Bedürfnisse der genannten Personengruppen eingehen und dazu beitragen, diese dauerhaft für den Beruf zu gewinnen (vgl. Frühe Chancen 2017).

Zusammenfassend lässt sich sagen, dass die deutschen Strategien, die sich am norwegischen Modell orientieren, zu einer veränderten Sichtweise der Problematik „Fachkräftemangel" geführt haben. Dafür spricht die aktuelle Diskussion über die Etablierung von dualen Ausbildungsgängen im Berufsfeld. Auch der Ansatz, geschlechterbewusste Pädagogik als ein Qualitätskriterium für Kitas zu benennen, wirkt sich sicherlich positiv auf die weitere Erhöhung des Männeranteils aus. Die letzte Erhebung der Koordinationsstelle (2017) bezüglich des Männeranteils auf Einrichtungsebene ergab zwar, dass Männer immer noch nicht in der Breite angekommen sind, es zeigt sich aber, dass Männer dorthin gehen, wo bereits welche sind (vgl. Koordinationsstelle 2017a). Die fünf Prozent Männer in Deutschlands Kitas verteilen sich auf nur 28,2% der ca. 50.000 bundesdeutschen Einrichtungen. Statistisch gesehen arbeitet demnach zwar in jeder vierten Kita ein Mann, der Anteil von männlichen Fachkräften ist aber in Wirklichkeit regional sehr unterschiedlich. So zeigt sich in der aktuellen Erhebung, dass die Städte deutlich mehr Männer beschäftigen als die Kommunen im ländlichen Raum (vgl. Koordinationsstelle Männer in Kitas 2017b).

6 Schlussbetrachtung und Aussichten

Die weibliche Prägung im Berufsfeld entstand durch die Nachfolgerinnen Friedrich Fröbels, welche die einmalige Chance ergriffen, einen spezifischen Frauenberuf zu begründen in einer Zeit der Unterdrückung weiblicher Schul- und Berufsbildung. Dies geschah aber auch unter dem Aspekt einer „geistigen Mütterlichkeit" (Schrader-Preymann) und führte bis heute zu dem vorherrschenden Frauenregime in der Kita.

Die Entwicklung des Männeranteils im Bereich der Vorschulpädagogik wäre vielleicht anders verlaufen, wäre Fröbels Plan, diese als unterste Stufe des Bildungssystems zu etablieren, angenommen worden. Immerhin waren die männlichen Pädagogen in vorschulischen Bereich damals noch in der Überzahl. Fröbels Konzept war durchaus im Sinne des heutigen Gender Mainstreamings, denn Fröbel sah Männer und Frauen als gleich wichtig für die kindliche Entwicklung an. Aber so kam es, dass sich die Männer erst viele Jahre später, verzögert durch das tradierte Frauenbild in der Weimarer Republik, den darauffolgenden Jahren des Naziterrors und dem Wiederaufbau in der Nachkriegszeit, beginnend mit dem Feminismus in den 1960er Jahren, nur ganz allmählich im Berufsfeld etablieren konnten. Die weitere Entwicklung verlief dann in den letzten Jahren, im Vergleich zu den Vorjahren, geradezu rasant, wohl aufgrund des Eingriffs staatlicher Initiativen. Dies deutet auch auf eine weitere Erhöhung des Männeranteils in Zukunft hin.

Der Ruf nach mehr männlichen Pädagogen wurde seit 2011 zunehmend lauter. Oftmals gründete er auf dem Bildungsargument, der Wahrnehmung von Jungen als Bildungsverlierern. Männer sollen für eine bessere Bildung in der Kita sorgen. Schaffer und Buschmeyer belegen zwar, dass das Fehlen von Männlichkeit, verstärkt durch eine Überrepräsentierung von Weiblichkeit, zu einem „gender regime" in der Kita führt, das die Entwicklung von Kindern tatsächlich ungünstig beeinflussen kann. Dies auszugleichen bedarf es aber nicht nur der Anwerbung von Männern, sondern der Implementierung einer geschlechtsbewussten Pädagogik in der Frühpädagogik.

Im Verlauf der letzten Jahre, entstand ein kontrovers geführter Diskurs über die Anwesenheit von Männern in der Kita und zu der fehlenden Männlichkeit im gesamten frühpädagogischen Kontext. Auch die Einführung einer Männerquote für den Erzieherberuf wurde erwogen. Der durchaus berechtigte Ruf nach mehr Männlichkeit sollte aus meiner Sicht jedoch nicht in einer „Männerquote" münden, weil dies womöglich zu einer Qualitätsminderung und damit eher zu einer weiteren Verschlechterung der Bildungssituation beiträgt.

Mehrere Autoren, allen voran der oft zitierte Rohrmann, setzen sich für mehr männliche Erzieher in der Kita ein. Es gibt aber auch durchaus warnende Stimmen, wie die Autorinnen Rose und Stibane, sowie Breitenbach und Bürmann. Jene geben zu bedenken, dass es zu unreflektierten Verstärkungen überholter Geschlechterrollen und Zuordnungen in der Kita kommen kann, es kann ein „Männerbonus" entstehen. Die letztgenannten Autorinnen belegen zudem, dass die Qualität der männlichen Pädagogen aufgrund der zum Teil psychologisch zweifelhaften Beweggründe für die Berufswahl, wie durch das beschriebene „Erlösungsphänomen", und einer oft mangelnden Schulbildung der Männer im Berufsfeld, angezweifelt werden kann.

Das Geschlecht des betreuenden Personals spielt im Grunde keine wesentliche Rolle für die Qualität der Erziehung in der Tageseinrichtung. Wie die Tandemstudie belegt, gibt es keine qualitativen Unterschiede zwischen weiblichen und männlichen Fachkräften. Festgestellt wurde aber, dass Männer und Frauen unterschiedliche Herangehensweisen in der Beziehung zu Mädchen und Jungen haben. Männer und Frauen seien „gleich und doch verschieden" (Brandes et al. 2016, Titel). Dies belegt aber weder, dass Frauen weniger gut arbeiten, noch dass Männer die besseren Pädagogen sind. Auch die befragten Kinder selbst nehmen kaum Unterschiede wahr, wünschen sich aber dennoch ein ausgeglichenes Verhältnis bei den Geschlechtern ihrer BetreuerInnen. Die von Rohrmann und Wantzeck erwähnten Studien (NUBBEK-Studie und die Meta-Analyse zur Fachkräfte-Kind-Beziehung in Tageseinrichtungen von Ahnert 2006) zeigen jedoch die Risiken auf, die einerseits durch das Fehlen männlicher Fachkräfte und/oder fehlender geschlechtsbewusster Pädagogik, entstehen können. Insbesondere sind davon Jungen betroffen, da sie möglicherweise eine schlechtere Bindungsqualität erfahren.

Festzuhalten bleibt, dass eine geschlechtsbewusste Pädagogik bei den Fachkräften selbst beginnen muss. Diese müssen sich mit ihrer eigenen, eventuell unbewusst verinnerlichten Einstellung zum eigenen und dem jeweils anderen Geschlecht, auseinandersetzen. Die Anwesenheit von Männern in der Kita kann sonst dazu führen, dass gerade geschlechtsspezifische Denkweisen im geschlechtergemischten Team unwillentlich verstärkt werden und sich verfestigen. So kann es zum Phänomen „Männerbonus" kommen. Die damit verbundene Abwertung des Weiblichen führt zu einer Verstärkung des geschlechtertypischen Rollendenkens. Damit Teams geschlechtsbewusst agieren können, brauchen sie die Unterstützung und Zusammenarbeit seitens der Leitung, Elternschaft und Träger.

Das Argument, alleine Männer könnten für das oft fehlende männliche Element in den Kitas sorgen, beinhaltet die Gefahr der Reduzierung des Mannes auf sein Geschlecht. Demgegenüber steht außerdem das Argument, dass es auch geschlechtsuntypische Erzieherinnen in Kitas gibt, die ebenso das männliche Prinzip verkörpern können.

Auch der zunehmende Fachkräftemangel wird oft als Begründung für den Ruf nach Männern in der Kita thematisiert. Tatsächlich wird dadurch vermehrt über ungenutzte Ressourcen des Arbeitsmarktes, zum Beispiel durch die spezielle Anwerbung von jungen Männern für die Ausbildung und attraktivere Ausbildungsformen für Quereinsteiger, nachgedacht. Auch hier gilt, dass es nicht zielführend ist, die Männer als Heilsbringer für bessere Bildungsqualität oder als ultimative Lösung des Themas Fachkräftemangel anzusehen. Statt „Mehr Männer in die Kita" könnte der Ruf lauten: „Mehr Männer **und** Frauen mit unterschiedlichen und vielfältigen Lebensentwürfen, in die Kita. Mit den Bundesinitiativen „Quereinstieg" und „Lernort Praxis" wurde dies ja bereits erfolgreich auf den Weg gebracht.

Antworten auf die berechtigte Frage, warum nur wenige Männer in der Kita arbeiten möchten, ergeben sich aus den Fragen: Wer kann vom Gehalt des Erziehers „seine Familie ernähren" und wer macht sich auf den Weg, eine langjährige Fachausbildung zu absolvieren, in der kein Verdienst vorgesehen ist, sondern sogar noch zusätzlich Kosten entstehen, nur um am Ende der Ausbildung ein mittelmäßiges Gehalt zu erzielen? Durch das Gender-Mainstreaming ist immerhin deutlich geworden: Frauen und Männer sind davon gleichermaßen betroffen. Daher wäre die Einführung einer dualen Ausbildung mit Verdienstmöglichkeiten von Beginn an, die wahrscheinlich erfolgreichste der aufgeführten Strategien, um einerseits mehr Männer, aber in erster Linie mehr geeignete Fachkräfte für den Beruf zu gewinnen.

Bei aller Kritik lässt sich zusammenfassen, dass mehr Männlichkeit im Berufsfeld von allen Seiten begrüßt wird und eine geschlechtsbewusste Pädagogik wichtig für die Qualitätsentwicklung von Kindertageseinrichtungen ist. Männer haben in ihrer Entwicklung im Berufsfeld mittlerweile ihren Platz gefunden. Sie bereichern durch ihre Anwesenheit das Team. Ihre unterschiedliche Herangehensweise mit den vielschichtigen Aufgabenfeldern in der Kita und die Beziehungen zu KollegInnen, zu den Kindern und Eltern unterscheiden sich wie bereits erwähnt nicht qualitativ voneinander, sondern sind geprägt von den jeweiligen Geschlechterrollen. Wenn es gelingt den „Männerbonus" zu verhindern, dann sollte, im Sinne einer geschlechtsbewussten Pädagogik und der Erfüllung des Gender Mainstreaming - Anspruchs, neben einer Stärkung der geschlechtsbewussten Pädagogik in der Kita, auch ein ausgewogeneres Verhältnis der Geschlechter angestrebt werden.

Es kann festgehalten werden, dass der frühpädagogische Bereich gesellschaftspolitisch von größter Relevanz ist. Die genannten Strategien sollten daher weiter intensiviert werden, um den Beruf, nicht nur für Männer, sondern für alle interessierten Menschen attraktiver zu machen und die Vielfalt unserer pluralistischen Gesellschaft auch in der Kindertagesbetreuung wider zu spiegeln. Eine schrittweise Anhebung des Männeranteils in Kitas mit dem Fernziel 20%, wie es in Norwegen durch konzertierte staatliche Aktionen sukzessive verwirklicht wird, könnte auch in Deutschland in den nächsten Jahren realisierbar sein. Dies könnte mit der Etablierung einer dualen Ausbildung, weiterer Qualitätsverbesserung durch Fortbildungen im Genderbereich, Akademisierung und Professionalisierung der Ausbildung, Verbesserung des Ansehens durch bessere Bezahlung und die Einrichtung von attraktiven Ausbildungsformen für Quereinsteiger in den kommenden Jahren gelingen.

Literaturverzeichnis

Aden-Grossmann, W. (2011): Der Kindergarten: Geschichte – Entwicklung – Konzepte. Weinheim und Basel: Beltz Verlag.

Aigner, J. C.; Rohrmann, T. (2012): Elementar – Männer in der pädagogischen Arbeit mit Kindern. Opladen/Berlin/Toronto: Verlag Budrich.

Aigner, J.C.; Poscheschnik, G. (2015): Kinder brauchen Männer-Männer brauchen Kinder! In: Aigner, J.C.; Poscheschnik, G.(Hrsg.): Kinder brauchen Männer. Psychoanalytische, sozialpädagogische und erziehungswissenschaftliche Perspektiven. Gießen: Psychosozial Verlag, S. 11-25.

Berger, M. (2016): Geschichte des Kindergartens. Von den ersten vorschulischen Einrichtungen des 18. Jahrhunderts bis zur Kindertagesstätte im 21. Jahrhundert. Frankfurt (Main): Brandes&Apsel Verlag GmbH.

Berger, M (2017a): Wilhelm Middendorf (1793-1853). https://www.nifbe.de/fachbeitraege/zuletzt-erstellt?view=item&id=698:wilhelm-middendorff-1793-1853&catid=37 (ges. am: 04.01.18, 10:44 MEZ).

Berger, M. (2017b): Friedrich-Wilhelm Lange (1826-1848). https://www.nifbe.de/fachbeitraege/zuletzt-erstellt?view=item&id=695:friedrich-wichard-lange-1826-1884&catid=37 (ges. am: 04.01.18, 10:44 MEZ).

Böhnisch, L. (2015): Pädagogik und Männlichkeit. Eine Einführung. Weinheim und Basel: Beltz Juventa Verlag.

Brandes, H. (2012): Jungen wie Mädchen profitieren von männlichen Fachkräften – aber kaum von einer Quote. In: Hurrelmann, K.; Schultz, T.: Jungen als Bildungsverlierer. Brauchen wir eine Männerquote in Kitas und Schulen? Weinheim und Basel: Beltz Juventa, S. 260-271.

Brandes, H.; Andrä, M.; Rössler, W.; Schneider-Andrich, P. (2015): Spielt das Geschlecht eine Rolle? Erziehungsverhalten männlicher und weiblicher Fachkräfte in Kindertagesstätten. Kurzfassung der Ergebnissse der „Tandem-Studie". Berlin: Publikationsversand BMFSFJ.

Brandes, H.; Andrä, M.; Rösssler, W.; Schneider-Andrich, P. (2016): Gleich und doch verschieden. Forschungsergebnisse zum Erzieherverhalten weiblicher und männlicher Fachkräfte. Kindergarten heute. 5/2016, S. 37-40.

Breitenbach, E.; Bürmann, I. (2014): Heilsbringer oder Erlösungssucher? Befunde und Thesen zur Problematik von Männern in frühpädagogischen Institutionen. In: Budde, J.; Thon, Chr.; Walgenbach, K. (Hrsg.): Männlichkeiten – Jahrbuch Frauen- und Geschlechterforschung in der Erziehungswissenschaft. Männlichkeiten. Geschlechterkonstruktionen in pädagogischen Institutionen. Opladen; Berlin; Toronto: Verlag Barbara Budrich 2014, S. 51-66.

Breitenbach, E.; Bürmann, I.; Thünemann, S.; Haarmann, L. (2015): Männer in Kindertageseinrichtungen. Eine rekonstruktive Studie über Geschlecht, Biografie und Professionalität. Opladen/Berlin/Toronto: Verlag Budrich.

Brock, I. (2013): Erfahrungen mit dem anderen Geschlecht. Warum Männer auch in der Kita für Mädchen wichtig sind. TPS. Leben, Lernen und Arbeiten in der Kita. Themenheft Männer und Frauen in der Kita. 4/2013, S. 9-11.

Buschmeyer, A. (2013): Zwischen Vorbild und Verdacht. Wie Männer im Erzieherberuf Männlichkeit konstruieren. Wiesbaden: Springer Verlag.

Cremers, M.; Krabel, J. (2013): Was sollen Männer in Kitas? Eine Erörterung von Michael Cremers und Jens Krabel. Reihe Soziale Arbeit kontrovers 3. Freiburg: Lambertus Verlag.

Cremers, M.; Krabel, J.; Höying, St.; Rohrmann, T. (2012): Männer in Kitas. Herausgegeben für die Koordinationsstelle „Männer in Kitas". Opladen, Berlin, Toronto: Budrich- Verlag.

Dammasch, F. (2015): Warum brauchen auch Mädchen einen männlichen Dritten? Psychoanalytische Erfahrungen mit der Vatersehnsucht. In: Aigner, J.C.; Poscheschnik, G.(Hrsg.): Kinder brauchen Männer. Psychoanalytische, sozialpädagogische und erziehungswissenschaftliche Perspektiven. Giessen: Psychosozial Verlag, S. 151-167.

Diözesan-Caritasverband (2018): http://caritas.erzbistum-koeln.de/maik/ (ges. am: 04.01.18, 10:44 MEZ).

Franke-Meyer, D. (2011): Kleinkinderziehung und Kindergarten im historischen Prozess. Ihre im Spannungsfeld zwischen Bildungspolitik, Familie und Schule. Bad Heilbrunn: Klinkhardt.

Frey, A.; Gehrlein, B., Wosnitza, M. (2006): Friedrich Fröbel und seine Pädagogik. 2. Auflage. Landau: Verlag empirische Pädagogik.

Friis, P. (2008): Männer im Kindergarten. Wie man sie anwirbt – und dafür sorgt, dass sie auch bleiben. http://www.koordination-maennerin-kitas.de/uploads/media/friis_maenner_im_kindergarten_05.pdf (ges. am: 04.01.18, 10:44 MEZ).

Frühe Chancen (2017): https://www.fruehe-chancen.de/qualitaet/weitere-programme/lernort-praxis/ (ges. am: 04.01.18, 10:44 MEZ).

Hauck, M. (2013) „Es sollten ungefähr gleich viele Erzieher und Erzieherinnen sein. Wie 5-bis 10-jährige Kinder über ihr Bezugspersonal denken. TPS. Leben, Lernen und Arbeiten in der Kita. Themenheft Männer und Frauen in der Kita. 4/2013, S. 30-31.

Hebenstreit, S. (2003): Friedrich Fröbel. Menschenbild, Kindergartenpädagogik, Spielförderung. Jena: IKS Garamond.

Hollstein, W. (2012): Das vergessene Geschlecht. Die einseitige Frauenförderung und ihre Folgen. In: Hurrelmann, K.; Schultz, T.: Jungen als Bildungsverlierer. Brauchen wir eine Männerquote in Kitas und Schulen? Weinheim und Basel: Beltz Juventa, S. 287-297.

Hubrig, S. (2010): Genderkompetenz in der Sozialpädagogik. Troisdorf: Bildungsverlag 1.

Hurrelmann, K.; Schultz, T. (2012): Jungen als Bildungsverlierer – Warum diese Streitschrift?. In: Hurrelmann,K.; Schultz, T.: Jungen als Bildungsverlierer. Brauchen wir eine Männerquote in Kitas und Schulen? Weinheim und Basel: Beltz Juventa, S.11-16.

Irle, K. (2012): Die Quote ist ein Gewinn für Jungen und Mädchen. In: Jungen als Bildungsverlierer. Brauchen wir eine Männerquote in Kitas und Schulen? Weinheim und Basel: Beltz Juventa, S. 18-30.

Karsten, E.(2011a): Männer in KiTas – ein Blick nach Norwegen. URL.: https://www.nifbe.de/component/themensammlung?view=item&id=34:maenner-in-kitas-ein-blick-ueber-den-internationalen-tellerrand-ein-bericht-aus-norwegen&catid=46 (ges. am: 04.01.18, 10:44 MEZ).

Karsten, E. (2011b): Männer in KiTas – ein Kommentar. URL: https://www.nifbe.de/component/themensammlung?view=item&id=28:maenner-in-kitas&catid=46:gender (ges. am: 04.01.18, 10:44 MEZ).

Koordinationsstelle Männer in Kitas (2017b): URL.: http://mika.koordination-maennerinkitas.de/forschung/aktuelle-forschungsprojekte/ (ges. am: 04.01.18, 10:44 MEZ).

Koordinationsstelle Chance-Quereistieg (2017a): URL: http://www.koordination-maennerinkitas.de/newsletter-fuer-beide-seiten/newsletter-chance-quereinstieg/newsletter-chance-quereinstieg-4-dez-2017/# (ges. am: 04.01.18, 10:44 MEZ).

Koordinationsstelle Chance-Quereinstieg (2017b): URL: http://www.chance-quereinstieg.de/modellprogramm/modellprogramm-quereinstieg/ (ges. am: 04.01.18, 10:44 MEZ).

Konrad, F.-M. (2012): Der Kindergarten. Seine Geschichte von den Anfängen bis in die Gegenwart. Freiburg im Breisgau: Lambertus-Verlag.

Konrad, F.-M. (2016): Die Anfänge der öffentlichen Kleinkinderziehung im 19. Jahrhundert – unter Aspekten des Geschlechterverhältnisses betrachtet. In: Weegmann, W.; Senger, J. (Hrsg.): Männer in Kindertageseinrichtungen. Theorien-Konzepte-Praxisbeispiele. Stuttgart: Verlag W. Kohlhammer, S. 18-29).

Metzinger, A. (2013): Geschichte der Erzieherinnenausbildung als Frauenberuf. In: Fried, L.; Roux, S. (Hrsg.): Handbuch Pädagogik der frühen Kindheit. Berlin: Cornelsen-Verlag, S. 390-399.

Neubauer, G. (2013): Geschlechterdynamik in gemischten Teams. Komplexe Beziehungsgefüge fordern heraus. TPS. Leben, Lernen und Arbeiten in der Kita. Themenheft Männer und Frauen in der Kita. 4/2013, S. 16-19.

Oswald, Chr. (2012): Erzieher – ein Frauenberuf? In: Hurrelmann, K.; Schultz, T.: Jungen als Bildungsverlierer. Brauchen wir eine Männerquote in Kitas und Schulen? Weinheim und Basel: Beltz Juventa, S. 274-286).

Rabe-Kleberg, U. (2003): Gender Mainstreaming und Kindergarten. Reihe Gender Mainstreaming in der Kinder- und Jugendhilfe. Weinheim: Beltz-Verlag.

Reyhing, Y. (2016): Väter in Kitas als Ressource für die kindliche Entwicklung nutzen. Frühe Kindheit. Jg.19. 4/2016, S. 44-47.

Rohrmann, T. (2011): Männer in der Elementarpädagogik. Ein internationaler Überblick. URL.: http://maennerinkitas.de/wordpress/wp-content/uploads/2013/05/V3-Dr.-Tim-Rohrmann-Ein-Blick-ueber-den-Tellerrand-Internationale-Erfahrungen.pdf (ges. am: 04.01.18, 10:44 MEZ).

Rohrmann, T. (2012a): Männer in der Elementarpädagogik. Ein aktueller internationaler Überblick. In: Cremers, M.; Krabel, J.; Höying, St.; Rohrmann, T. (Hrsg.): Männer in Kitas. Herausgegeben für die Koordinationsstelle „Männer in Kitas". Opladen, Berlin, Toronto: Budrich-Verlag, S. 289-306.

Rohrmann, T. (2012b): Wo keine Männer sind, da hilft auch keine Quote. In: Hurrelmann, K.; Schultz, T.: Jungen als Bildungsverlierer. Brauchen wir eine Männerquote in Kitas und Schulen? Weinheim und Basel: Beltz Juventa, S.250-259.

Rohrmann, T. (2014): Männer in Kitas: Zwischen Idealisierung und Verdächtigung. In: Budde, J.; Thon, Chr.; Walgenbach, K. (Hrsg.): Männlichkeiten – Jahrbuch Frauen- und Geschlechterforschung in der Erziehungswissenschaft. Männlichkeiten. Geschlechterkonstruktionen in pädagogischen Institutionen. Opladen; Berlin; Toronto: Verlag Barbara Budrich 2014, S. 67-84.

Rohrmann, T.; Wantzeck-Sielert, Chr. (2014): Mädchen und Jungen in der Kita. Körper, Gender, Sexualität. Stuttgart: Kohlhammer Verlag.

Rohrmann, T. (2015): Männer in der Elementarpädagogik. Ein internationales Thema. In: Aigner, J.C.; Poscheschnik, G.(Hrsg.): Kinder brauchen Männer. Psychoanalytische, sozialpädagogische und erziehungswissenschaftliche Perspektiven. Gießen: Psychosozial Verlag, S. 37-54.

Rohrmann, T. (2016a): Männliche Fachkräfte – Wozu? In: Weegmann, W.; Senger, J. (Hrsg.): Männer in Kindertageseinrichtungen. Theorien-Konzepte-Praxisbeispiele. Stuttgart: Verlag W. Kohlhammer, S. 55-64.

Rohrmann, T. (2016b): Chancen für Jungen! Geschlechterbewusste Pädagogik. Empirische Daten und entwicklungspsychologische Erklärungen. Frühe Kindheit. 4/2016, S. 6-13.

Rohrmann, T. (2016c): Brauchen Väter in Kitas männliche Ansprechpartner? Fachzeitschrift für Leitungen, Fachkräfte und Träger der Kindertagesbetreuung. KiTa HRS. Jg. 24. 6/2016, S. 11-13.

Rose, L.; Stibane, F. (2013): Männliche Fachkräfte und Väter in Kitas. Eine Analyse der Debatte und Projektpraxis. Eine Expertise der Weiterbildungsinitiative Frühpädagogische Fachkräfte (WiFF). München: Deutsches Jugendinstitut e.V.

Schaffer, H. (2013): Sozialpädagoge UND Mann. Männliches Selbstverständnis in einem Frauenberuf. Freiburg im Breisgau: Lambertus Verlag.

Senger, J. (2016): Männer in Kindertagesstätten in Deutschland – die Datenlage. In: Weegmann, W.; Senger, J. (Hrsg.): Männer in Kindertageseinrichtungen. Theorien-Konzepte-Praxisbeispiele. Stuttgart: Verlag W. Kohlhammer, S. 13-17.

Walter, M. (2012): Jungen sind anders, Mädchen auch. Den Blick schärfen auf eine geschlechtergerechte Erziehung. München: Kösel-Verlag.

Wyrobnik, I. (2010): Mädchen im Kindergarten. Pädagogischer Alltag, Konzepte, Fördermöglichkeiten. In: Matzner, M; Wyrobnik, I (2010): Handbuch Mädchen–Pädagogik. Weinheim: Beltz–Verlag, S. 110-129.